中华精神家园

杰出人物

文韬武略

杰出帝王与励精图治

（上）　肖东发 主编　李正平 编著

中国出版集团

现代出版社

图书在版编目（CIP）数据

文韬武略 / 李正平编著. -- 北京：现代出版社，
2014.11

（中华精神家园书系）

ISBN 978-7-5143-2561-4

Ⅰ．①文… Ⅱ．①李… Ⅲ．①帝王－生平事迹－中国
－古代 Ⅳ．①K827=2

中国版本图书馆CIP数据核字 (2014) 第259245号

文韬武略：杰出帝王与励精图治

主　　编：肖东发
作　　者：李正平
责任编辑：王敬一
出版发行：现代出版社
通讯地址：北京市定安门外安华里504号
邮政编码：100011
电　　话：010-64267325　64245264（传真）
网　　址：www.1980xd.com
电子邮箱：xiandai@cnpitc.com.cn
印　　刷：北京兴星伟业印刷有限公司
开　　本：710mm×1000mm　1/16
印　　张：11
版　　次：2015年5月第1版第2次印刷
书　　号：ISBN 978-7-5143-2561-4
定　　价：40.00元（上、下）

　　党的十八大报告指出："文化是民族的血脉，是人民的精神家园。全面建成小康社会，实现中华民族伟大复兴，必须推动社会主义文化大发展大繁荣，兴起社会主义文化建设新高潮，提高国家文化软实力，发挥文化引领风尚、教育人民、服务社会、推动发展的作用。"

　　我国经过改革开放的历程，推进了民族振兴、国家富强、人民幸福的中国梦，推进了伟大复兴的历史进程。文化是立国之根，实现中国梦也是我国文化实现伟大复兴的过程，并最终体现在文化的发展繁荣。习近平指出，博大精深的中国优秀传统文化是我们在世界文化激荡中站稳脚跟的根基。中华文化源远流长，积淀着中华民族最深层的精神追求，代表着中华民族独特的精神标识，为中华民族生生不息、发展壮大提供了丰厚滋养。我们要认识中华文化的独特创造、价值理念、鲜明特色，增强文化自信和价值自信。

　　如今，我们正处在改革开放攻坚和经济发展的转型时期，面对世界各国形形色色的文化现象，面对各种眼花缭乱的现代传媒，我们要坚持文化自信，古为今用、洋为中用、推陈出新，有鉴别地加以对待，有扬弃地予以继承，传承和升华中华优秀传统文化，发展中国特色社会主义文化，增强国家文化软实力。

　　浩浩历史长河，熊熊文明薪火，中华文化源远流长，滚滚黄河、滔滔长江，是最直接源头，这两大文化浪涛经过千百年冲刷洗礼和不断交流、融合以及沉淀，最终形成了求同存异、兼收并蓄的辉煌灿烂的中华文明，也是世界上唯一绵延不绝而从没中断的古老文化，并始终充满了生机与活力。

　　中华文化曾是东方文化摇篮，也是推动世界文明不断前行的动力之一。早在500年前，中华文化的四大发明催生了欧洲文艺复兴运动和地理大发现。中国四大发明先后传到西方，对于促进西方工业社会发展和形成，曾起到了重要作用。

　　中华文化的力量，已经深深熔铸到我们的生命力、创造力和凝聚力中，是我们民族的基因。中华民族的精神，也已深深植根于绵延数千年的优秀文化传统之中，是我们的精神家园。

　　总之，中国文化博大精深，是中华各族人民五千年来创造、传承下来的物质文明和精神文明的总和，其内容包罗万象，浩若星汉，具有很强文化纵深，蕴含丰富宝藏。我们要实现中华文化伟大复兴，首先要站在传统文化前沿，薪火相传，一脉相承，弘扬和发展五千年来优秀的、光明的、先进的、科学的、文明的和自豪的文化现象，融合古今中外一切文化精华，构建具有中国特色的现代民族文化，向世界和未来展示中华民族的文化力量、文化价值、文化形态与文化风采。

　　为此，在有关专家指导下，我们收集整理了大量古今资料和最新研究成果，特别编撰了本套大型书系。主要包括独具特色的语言文字、浩如烟海的文化典籍、名扬世界的科技工艺、异彩纷呈的文学艺术、充满智慧的中国哲学、完备而深刻的伦理道德、古风古韵的建筑遗存、深具内涵的自然名胜、悠久传承的历史文明，还有各具特色又相互交融的地域文化和民族文化等，充分显示了中华民族厚重文化底蕴和强大民族凝聚力，具有极强系统性、广博性和规模性。

　　本套书系的特点是全景展现，纵横捭阖，内容采取讲故事的方式进行叙述，语言通俗，明白晓畅，图文并茂，形象直观，古风古韵，格调高雅，具有很强的可读性、欣赏性、知识性和延伸性，能够让广大读者全面触摸和感受中国文化的丰富内涵，增强中华儿女民族自尊心和文化自豪感，并能很好继承和弘扬中国文化，创造未来中国特色的先进民族文化。

2014年4月18日

上古时期——争雄霸王

中古时期——盛世明君

近古时期——开国雄主

近世时期——末代天骄

争雄霸王

春秋战国是我国历史上的上古时期。这是我国古代史上一个战火纷飞、色彩斑斓的霸政年代，充分展现了各诸侯国首脑的外交手段、军事谋略和政治能量。他们内修国政，重用贤能，发展生产，使得国富民强；外图霸业，加强武备，扩土开疆，成就霸主大业。

正是由于他们具有卓越的军事才能和政治智慧，才使他们成为春秋战国时期的一代霸主，其名其功，显达千秋。

周文王姬昌

周文王（前1152～前1056年），姓姬名昌，生于西岐，黄帝的后裔。在商纣王统治的时期，他被封为西伯，也称伯昌。他治理岐山50年，使岐山的政治和经济得到了极大发展。他并收附虞、芮两国，攻灭黎、邗、崇等国，建都丰邑，为后来周武王灭商奠定了坚实的社会基础。旧传《周易》为其所演，对中国文化影响巨大。

其子姬发得天下后，追尊他为"周文王"。孔子特别推崇文王，并称他为"三代之英"。

周文王在我国历史上是一位名君圣人，他被后世历代所称颂敬仰。

■ 周文王姬昌画像

■ 商纣王（前1105年～前1046年），即帝辛，名受，后世人称殷商纣王。为帝乙少子，其母为正后。后世对他评价褒贬不一，更多的人称他为"暴君"，"炮烙"之刑就是一个例证。因其荒淫无道，听信谗言，后被文王姬昌所灭。

姬昌被封为西伯后，在治理岐山的过程中，他仿效祖父古公亶父和父亲季历制订的法度，实行仁政，礼贤下士，使岐山脚下的周族获得了前所未有的发展。

在对内方面，姬昌奉行德治，大力发展农业生产，采用划分田地，让农民助耕公田，纳九分之一税的办法。也就是征收租税有节制，让农民有所积蓄，以此来刺激劳动兴趣。他还规定商人往来不收关税，以及有人犯罪妻子不连坐等。

在对外方面，姬昌招贤纳士，广聚人才。许多外部落的人才以及从商王朝来投奔的贤士，他都以礼相待，予以任用。如伯夷、叔齐、太颠、闳夭、散宜生、鬻熊、辛甲等人，都先后归附姬昌称臣。

姬昌自己生活勤俭，穿普通人的衣服，还亲自到田间劳动，兢兢业业地治理自己的国家。在他的治理下，使岐山渐渐强大起来。

在当时，商朝的政治腐败，朝纲败坏。商纣王特别残暴，他利用炮烙之刑来取乐。炮烙，就是让犯人走在涂满润滑油的铜柱上，一滑倒就会倒在火坑里，顿时皮焦肉烂。

商纣的宠妃妲己看见人受炮烙的惨状却笑个不停。为了博得妲己一笑，商纣就经常对犯人实施炮烙

季历 姬昌之父。据《史记》记载：周族的开基之祖古公亶父觉得自己的少子季历最为贤明，而季历的儿子姬昌有圣瑞之兆，认为姬昌是成大事者。季历继位后推行仁义，对姬昌有很大影响，姬昌便以"仁治"得天下。

连坐 又称相坐、随坐、缘坐。我国古代因他人犯罪而使与犯罪者有一定关系的人连带受刑的制度。连坐起源甚早，夏、西周、春秋、战国时期都有连坐制度。但在西周姬昌治下不再连坐，至少可以说连坐的程度有所减轻。

姜里 古地名，称作羑里，在今河南省安阳市汤阴县的羑里城遗址。是"西伯，即姬昌拘羑里而演周易"的地方。后人为纪念姬昌这位伟人，在城址上修建了周文王庙，成为人们朝敬先贤的圣地。

■ **岐山** 位于陕西省西部。是周室肇基之地，是周文化的发祥地。周文化所包含的典章礼乐制度、道德行为规范，是中华文明、现代法制文明和政治文明的源头。

之刑。商纣王的暴行引起了公愤。

姬昌对残暴的商纣王很是气愤。经过一番思考，他想利用炮烙之刑争取民心，提高自己在百姓中的威望。于是，姬昌来到朝歌，面见商纣王，说明来意，愿意献上岐山的一块土地，前提是商纣王必须废除炮烙之刑。

商纣王早听说人们对炮烙之刑意见很大，现在又能得到一块土地，就同意了姬昌的请求。

姬昌虽然损失了一块土地，但他得到广大诸侯的拥护，这为他兴周灭商创造了一个有利的条件。

岐山势力不断壮大，引起了商王朝君臣的不安。商纣王的亲信崇侯虎，暗中向商纣王进谗言说，西伯侯到处行善，树立自己的威信，诸侯都向往他，恐怕不利于商王。于是，商纣王趁姬昌来朝献地未归，将姬昌囚禁在羑里。

■ 姜尚（前1156年～前1017年），字子牙，俗称姜太公。曾先后辅佐了6位周王。西周初年，被姬昌封为"太师"，尊为"师尚父"。后辅佐周武王灭商。因功封于齐，成为周代齐国的始祖。他是我国历史上最享盛名的政治家、军事家和谋略家。

姬昌在囚禁期间，精心致力伏羲氏的先天八卦，发明"周文王八卦"和"周文王六十四卦"，流传于世。

姬昌的属臣为营救周文王出狱，搜求美女、宝马和珠玉献给商纣王。商纣王见了大喜，说："只要有美女就足够了，何况宝物如此之多！"

于是，他下令放姬昌出狱，并授权他讨伐其他不听命的诸侯。这就是史书中说的周文王"羑里之厄"。

姬昌出狱后，下定决心灭商。为此，他遍访能人，以求灭商之策。

有一次，姬昌在渭水河边出猎时，巧遇年已垂老、怀才不遇的姜尚，当时他正在河边钓鱼。姬昌同他谈话，相互谈得很投机。

姬昌了解姜尚确有真才，便让姜尚与他同车而归，立以为师，共同筹划灭商策略。姜尚得遇知音，就在以后的日子里，为姬昌和他的后代立下了汗马功劳。

据《尚书·大传》记载：

姬昌在位的最后7年中干了6件大事：一是调解虞、芮两国的纠纷，以期两国能够和平相处；二是出兵伐犬戎，以解除东攻商的

犬戎 古族名，即猃狁，也称西戎，是我国古代的一个游牧民族，活动于今陕西省、甘肃省一带。犬戎是商的属国，曾同商朝的诸侯势力攻掠周。当时，姬昌为了解除东攻商的后顾之忧，派军队进攻犬戎，最后取得胜利。

周文王姬昌陵

后顾之忧；三是攻打密须，解除了北边和西边后顾之忧；四是征服黎国，构成对商都朝歌威胁；五是兵伐邢国，进一步构成了对朝歌的直接威胁；六是灭掉崇国，将周的都城由岐山东迁渭水平原，建立丰京。

这6件大事做完后，姬昌实际已控制了大半个天下。相比之下，商朝因商纣王的残暴，众叛亲离，已处于极端孤立的境地。

就在大功即将告成之际，姬昌不幸去世了。葬于毕原。后来，他的儿子姬发在灭商之后，追尊先父为"周文王"。

周文王在我国历史上是一位名君圣人。后世的儒家，为了把道德与政治联系起来，把周文王当成一个"内圣外王"的典型加以推行，周文王的影响就越来越大了。

阅读链接

周文王被商纣王囚于羑里时，曾经潜心研究八卦，最后发明了"文王八卦"及"文王六十四卦"。其实在这方面前人早有研究。

相传在上古时，伏羲氏创造了先天八卦，神农氏创造成了连山八卦，轩辕氏创造了归藏八卦。周文王八卦是对前人研究成果的继承，后经周公和孔子的推论解读，才留传了下来。

所谓八卦，旨在分析说明人在顺境、逆境中的正确态度和行为准则。而周文王在狱中写的《周易》也成了我国的圣经。

周武王姬发

周武王（约前1087年～约前1042年），姓姬名发，周文王的次子。谥号"武王"，庙号世祖，西周时代青铜器铭文常称其为"斌王"。约公元前1056年继承王位，史称"周武王"。

他继承父亲遗志，灭掉商朝，夺取全国政权，建立了西周王朝，表现出卓越的军事和政治才能，成为我国历史上的一代明君。周武王作为我国历史中的一个"革命者"，他推翻了殷商的暴虐统治，建立了比较开明的社会。

周武王作为我国古代文化的一个"指引者"，成就了国学的磅礴气势。正是周人文化的积淀和发展，成就了我国不老的千古文化渊源。

■周武王姬发画像

太宰 我国古代的官职。西周时开始设置，也叫大冢宰或大宰，即冢宰的首领。太宰的职责是"掌管国家的6种典籍，用来辅佐国王治理国家。"其中6种典籍是治典、教典、礼典、政典、刑典、事典，可见当时的太宰是百官之首。

周文王去世后，他的次子姬发继承王位，这就是周武王。周武王为了完成父亲灭商的遗愿，加紧筹备，采取了一系列措施。

在对内方面，周武王重用贤良，继续让姜尚做军师，让弟弟姬旦做太宰，召公、毕公、康叔、丹季等良臣均各有其位，人才荟萃，政治蒸蒸日上。

在对外方面，周武王争取联合更多诸侯国，孤立商王朝，壮大自己的力量。

此时，商朝在暴君商纣王统治下，政治上已十分腐败，但军事上仍有较强实力。周武王审时度势，在即位的第二年，为了试探商纣王对周人备战活动的反映，就发动了一次"孟津观兵"。

周武王的大军由镐京出发，进入今河南省境内，到达古渡孟津。这时，早已恨透商纣王的各路诸侯，自动来参加盟会的诸侯有800多人。史称："八百诸侯会孟津"。

■ 周公姬旦画像

周武王在盟会上举行了誓师仪式，发布了誓词，这就是有名的《泰誓》。此时，人心向周、商纣王孤立无援的形势已形成。

参加盟会的诸侯劝他立即伐纣。但周武王却说道："伐纣还不是时候，决定班师回西土等待时机。"

这次孟津观兵，表面上是为了进行军事演习，但实际上是为了试探伐商的可能性。

商纣王依然故我，越发昏庸暴虐，就在周兵与诸侯会盟孟津的两年后，他杀了王子比干，囚禁了箕子，太师疵、少师疆见状被迫逃离朝歌。而商纣王宠幸妲己，唯妇人言是听。妲己干涉政治，商王朝内部矛盾更加激化。

周武王认为时机已到，果断决定发兵伐纣，进行灭殷的最后决战。

公元前1046年1月，周武王亲率战车300乘，精锐武士3000人，以及步兵数万人，出兵东征。同年2月，周军抵达孟津，与卢、彭、蜀、羌等边境部族会合，联军总数达4.5万人。

在誓师大会上，周武王向全军将士发表誓词，即《尚书·牧誓》，列举商纣王只听妲己之言，不祭祀祖先、不任用宗亲贵戚，只信任四方有罪逃犯等罪状，说明自己是恭行"上天之意"给以惩罚。他要求将士，严明纪律，勇敢作战，战胜敌军。

《诗经》记载："牧野洋洋，时维鹰扬。凉彼周武王，肆伐大商，会期清明。"

誓师之后，联军冒雨东进，从孟津渡黄河后，兼程北上，至百泉折东而进。

商纣王惊闻周军来袭，而此时商军主力远在东南地区，无法及时征调，只好仓促武装大批奴隶和战

牧野 古地名。著名的"牧野之战"发生地。在今河南省新乡市北部，包括新乡市所辖凤泉区、卫辉、获嘉等地。牧野原非专有名词，这里是相对于殷都朝歌，即今河南省鹤壁市淇县而言的。从朝歌城由内向外，分别称作城、郭、郊、牧和野。

公、侯、伯、子、男 我国古代五等爵位。著名学者郭沫若《中国史稿》第二编记载："关于西周的爵位……许多记载都是出于后人的想象，所谓'公、侯、伯、子、男'五等爵级并非事实，无论商、周都没有严格的五等制度。"

俘，连同守卫国都的军队，开赴牧野迎战。

据《史记》记载，商纣王出动的总兵力有70万人。

周军先由姜尚率数百名精兵上前挑战，震慑商军并冲乱其阵脚。然后，周武王亲率主力跟进冲杀，将对方的阵形彻底打乱。

商军中的奴隶和战俘全无斗志，纷纷倒戈，商军迅速崩溃。商纣王大败逃入朝歌，登鹿台自焚而死。至此，商朝灭亡。

牧野之战是我国历史上以少胜多，以弱胜强，先发制人的著名战例，也是我国古代车战初期的著名战例。它终止了600年的商王朝，确立了西周王朝的统治，为西周时期礼乐文明的全面兴盛开辟了道路。

牧野之战中所体现的谋略和作战艺术，也对我国古代军事思想的发展具有不可低估的意义。

在牧野之战后，周武王指挥联军兵分4路，向东南方进发，去征伐忠于商朝的诸侯势力。

为了巩固自己的统治，周武王采纳了周公对商朝

■ 以少胜多的牧野之战图

遗民进行安抚以稳定天下形势的办法。以公、侯、伯、子、男五等爵位分封亲属和功臣，让他们建立诸侯国。

如封姜尚于临淄为齐国；封周公于曲阜为鲁国。他还商纣王之子武庚留在商都，封为殷侯。这些措施，有效地安定了商的遗民，减少他们的敌对情绪。

与此同时，周武王又释放囚犯，赈济贫民，发展生产，从而促进了西周初年政治经济的稳定和发展，推动了社会的前进。

西周建立后的第三年，周武王因病去世。其子姬诵继位，这就是为周成王。

周武王攻灭商朝后建立的西周，是我国历史上第三个奴隶制王朝。周武王建立的新王朝代替了腐朽的旧王朝，使他成为历史上有名的国王之一。

阅读链接

周武王一生严谨稳重，具有卓越的政治、军事才能。但他也有失误。

据《尚书·武成》记载，他在刚刚取得政权之后，"乃偃武修文，归马华山之阳，放牛桃林之野，倒载干革，包之虎皮，车甲衅而藏之府库，示天下不复用。"表示停止战事，和平自由，希望让人民过上一种最自然、自由、美好的生活。

可是，就在他去世后不久，武庚就发生了叛乱。在危急时刻，周公旦平定叛乱，辅佐周成王。后来，人们以"马入华山"一词，来表示天下太平，不再打仗。

楚庄王熊侣

　　楚庄王（？～前1591年），又称荆庄王，出土的战国楚简文写作臧王。楚穆王之子。春秋时期楚国最有成就的君主。谥号"庄"。春秋时期楚国最有成就的君主，春秋五霸之一。

楚庄王塑像

　　楚庄王在位期间，经过整顿内政，重用贤能，厉行法制，使百姓安居乐业，兵力日益强盛，楚国出现一派国富兵强的景象，为庄王取得霸业奠定了基础。

　　楚庄王在使得国力增强的同时，也重视军力的发展，并且在贤臣良将的辅佐下，很快成为中原霸主，在历史上留下浓墨重彩的一笔。

■ 楚国虎座鸟架鼓

楚庄王于公元前613年登基，即位之初，他常沉迷声色，荒于政事，并下令拒绝一切劝谏，胆敢违令者"杀无赦"。

大臣伍举冒以隐言进谏，称楚国高地有一大鸟，栖息三年，不飞不鸣，不知是什么鸟。

当时楚庄王即位已经第三年，他知道伍举在以大鸟讽喻自己，于是回答说："大鸟三年不飞，飞则冲天；三年不鸣，鸣必惊人。"

然而，此后几个月，楚庄王依然如故，仍旧以淫乐为好。大夫苏从便冒死再次进谏，庄王最终听从了劝告，以后奋起图治。

还有一件事值得一提。

楚庄王有一匹心爱之马，楚庄王给马的待遇不仅超过了对待百姓，甚至超过了给大夫的待遇。他给马穿刺绣的衣服，吃有钱人家才吃得起的枣脯，住富丽堂皇的房子。

后来，这匹马因为恩宠过度，得肥胖症而死。楚

苏从 约生活在公元前600年前后。春秋时期楚国的能臣。他见楚庄王即位近三年以来不理政事，于是就冒死进谏，终于打动了楚庄王。楚庄王随即传令解散了乐队，打发了舞女，决心要大干一番事业。并起用苏从等有才能的人，为重整霸业做好了准备。

■ 优孟劝诫楚庄王

优孟 生卒年不详。荆州人。春秋时期楚国宫廷艺人。以优伶为业，名孟，故得名。他身材高大，从小善言辩，并且也擅长表演，常谈笑讽谏时事。曾用委婉的方式劝谏楚庄王做个明君。

庄王让群臣给马发丧，并要以内棺外椁的大夫葬礼为之安葬。大臣们认为楚庄王在侮辱大家，说大家和马一样。从而，众臣对楚庄王此举表示不满。

楚庄王下令，说再有议论葬马者，将被处死。

当时有个艺人叫优孟，他听说楚庄王要葬马的事，跑进大殿，仰天痛哭。

楚庄王很吃惊，问其缘由。

优孟说，死掉的马是大王的心爱之物，堂堂楚国，地大物博，无所不有，而如今只以大夫之礼安葬，太吝啬了。大王应该以君王之礼为之安葬。

楚庄王听后，无言以对，只好取消以大夫之礼葬马的打算。

楚庄王葬马这个事件，从楚庄王原先执意以大夫规格葬马，到最后答应放弃奢侈的葬马之举，映射了楚庄王从昏庸之君到圣明霸主的史实。"一鸣惊人"以及"庄王葬马"是楚庄王人生的一个缩影。

从开始楚庄王昏庸无道，到最后大彻大悟做明君，都表现在这两个事件中。

楚庄王从整顿朝政入手，把一批只会奉承拍马的人撤了职，把敢于进谏的伍举、苏从提拔起来，帮助他处理国家大事。与此同时，他还下令制造武器，操练兵马。

公元前611年，楚国先后伐庸、麋、宋、舒、陈、郑等国，均取得胜利。

为了显示楚国的兵威，公元前606年，楚庄王在周都洛邑的郊外举行一次大检阅。

此举无疑令周天子大吃一惊，周王马上派王孙满到郊外去慰劳楚军。楚庄王借此机会询问九鼎的大小

王孙满 是襄王之孙，恭王十四世孙。春秋时周大夫。公元前606年，楚攻陆浑之戎后又陈兵于周郊，王孙满奉周定王命前往劳军。楚王问周鼎的大小轻重，意欲代周，王孙满答道："周德虽衰，天命未改，鼎之轻重，未可问也。"终使楚军退去。

015

■ "一鸣惊人"故事塑像

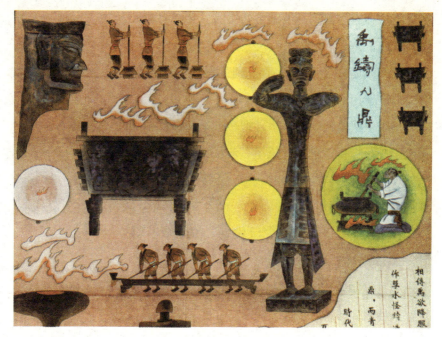

■ 大禹铸九鼎

郏 古地名。在
今河南省郑州市
东。古代河南郑
州以北的武陟、
荥阳一带称郏，
在春秋战国时期
为郑国属地。秦
朝时期始置郡，
其时辖地在今河
南原阳市。郏之
战或称两棠之
役，即公元前597
年，晋、楚争霸
中原的战争，楚
庄王率军在郑地
郏，大败晋军的
重要作战。

轻重，意欲移鼎于楚，从而显示出有夺取周天子权力的野心。

九鼎相传为夏代大禹所铸，象征九州，夏、商、周均奉为传国之宝是天子权力标志。

王孙满严词道："政德清明，鼎小也重；国君无道，鼎大也轻。周王朝定鼎中原，权力天赐。至于鼎的轻重，你不当询问。"

楚庄王傲然地对王孙满说道："你不要阻止铸鼎之事，我们楚国只要把折断的铜兵器收集起来，就足够铸造九鼎了。"

楚庄王问鼎，大有欲取周王朝天下而代之的意思，结果遭到周王使者王孙满态度强硬的严词斥责。楚庄王虽然口出狂言侮辱周室，但也意识到称霸中原时机未成熟，只好率领受阅部队退出周疆。

没几年工夫，楚国更加强大起来，先后平定了郑国和陈国的两次内乱，但是最后却与中原霸主晋国冲突起来。

公元前597年，楚庄王率领大军攻打郑国时，晋国派兵救郑。楚、晋两国军队在郑国的邲发生了一次大战。晋国大败，人马死了一半。

邲之战尘埃落定后，以楚庄王的大胜，晋军的惨败而告终。此时，楚庄王没有乘胜追击，带领将士饮马黄河。

经过楚庄王的励精图治，"霸主"的头衔又落到楚庄王头上了。在当时的各诸侯国中，以楚国的地域最大、人口最多，物产最丰，文化最盛。

公元前594年冬，楚、鲁、蔡、许、秦、宋、陈、卫、郑、齐、曹、邾、薛、鄫"十四国会盟"，正式推举楚国主盟，楚庄王遂成为称雄中原的霸主。公元前591年，英雄一生的楚庄王突然病重，他已经预感到自己不久于人世，便招重臣至病榻之前，遗命后事。这年入秋，楚庄王咽下了最后一口气，与世长辞。

楚庄王称霸中原，不仅使楚国强大，威名远扬，也为华夏的统一，民族精神的形成发挥了巨大的作用。

阅读链接

春秋时代，社会风雷激荡，烽烟四起，战火连天。一些强大的诸侯国为了争夺霸权，互相征战，争做霸主，先后称霸的5个诸侯叫作"春秋五霸"。

关于"春秋五霸"有多种说法。据《史记》记载，春秋五霸是指齐桓公、宋襄公、晋文公、秦穆公和楚庄王。

称霸的诸侯主要标志是"会盟"诸侯，而完成这一重要仪式的有齐桓公、晋文公、晋襄公、楚庄王、晋悼公、吴王夫差、越王勾践等诸侯。

齐桓公姜小白

文韬武略

杰出帝王与励精图治

齐桓公（前716年～前643年），姓姜名小白，僖公三子，襄公之弟。春秋时代齐国第十五位国君。

齐桓公在位期间，任用管仲改革，选贤任能，加强武备，发展生产，国力逐渐强大起来。

齐桓公后又安定周朝王室的内乱，多次与诸侯会盟，成为春秋时期的霸主。

齐桓公是历史上第一个充当盟主的诸侯。

■ 齐桓公雕塑

自从周武王封姜尚于临淄为齐国之后，姜尚励精图治，使齐国国力得到增强。但齐国经过了几代国君，到了齐襄公时期，朝纲失常，政局混乱。谋臣管仲预感到齐国将要发生大乱，就建议姜小白的师傅鲍叔牙保护姜小白逃到莒国。

公元前686年，齐国政局又发生了动荡，一片混乱。在鲁国姜小白的哥哥公子纠和在莒国避难的姜小白，都连夜赶往了齐国。鲁国发兵送公子纠回国后，派管仲带兵堵截从莒国到齐国的路，管仲一箭射中姜小白。

姜小白假装倒地而死，管仲便派人回鲁国报捷。鲁国也就不那么着急送公子纠回国了，在路上走了6天才到。

实际上，当时管仲射中的是姜小白的带钩，姜小白装死迷惑了管仲。躲在帐篷车里日夜兼程的赶回了齐国，在齐国贵族的鼎力支持下，成为国君，这就是齐桓公。

齐桓公掌握了国家政权，立即发兵进击鲁国。鲁国战败。

随后，齐桓公要杀管仲，但鲍叔牙劝说："如果

齐襄公（？～前686年），姓姜名诸儿，齐僖公禄父之子。春秋时代齐国的第十四位国君。他在位期间，国力逐渐强大起来，曾攻伐卫国、鲁国、郑国。曾联合宋、鲁、陈、蔡4国共同伐卫，诛杀卫国左右公子，使卫惠公得以复辟。

管仲蜡像

君上想成就天下霸业，那么非管仲不可。管仲到哪个国家，哪个国家就能强盛，不可以失去他。"

齐桓公听从鲍叔牙的建议，假装要杀仇人，把管仲接到齐国。

齐桓公和管仲谈论霸王之术，管仲的才学让齐桓公大喜过望，齐桓公让管仲做了大夫，参与政事，不久又拜管仲为相。君臣同心，励精图治，对内整顿朝政，例行改革，对外尊王攘夷。

这一时期，齐桓公还起用了一批各有所长、尽忠职守的出色人才。其中最具代表性的，便是管仲提出的任用五杰的建议。

管仲对齐桓公说："举动讲规范、进退合礼节、言辞刚柔相济，我不如隰朋，请任命他为大司行，负责外交；开荒建城、垦地蓄粮、增加人口，我不如宁戚，请任命为大司田，掌管农业生产；在广阔的原野上使战车不乱、兵士不退，擂鼓指挥着将士视死如归，我不如王子城父，请任命他为大司马，统帅三军；能够断案合理公道，不杀无辜者，不诬无罪者，我不如宾胥无，请任命他为大司理，负责司法刑律；敢于犯颜直谏，不避死亡、不图富贵，我不如东郭牙，请任命他为大谏之臣主管监察谏议。想要富国强兵有这五位就足够了，但想要成就霸王之业，还要有我管仲在这里。"

齐桓公听从管仲建议，令五人各掌其事，并拜管仲为相，组成了强有力的领导集团。这个领导集团在政治、军事和经济方面作出了很多英明的决策。

在政治方面，齐国实行了国野分治的方法，国都为国，其他的地方为野。并划分各级官员的职权范围，要求他们兢兢业业，不许荒废政事。

每年正月，各级官员要向齐桓公汇报述职，齐桓公根据政绩来进行奖惩。

在军事方面，实行军政合一、兵民合一的制度。规定士乡的居民必须服兵役。另外，为解决武器不足的问题，规定犯罪可以用兵器赎罪，诉讼成功则要交一束箭。从此，齐国的兵器也渐渐充足起来。

在经济方面，通过减少税收，增加人口的生育水平，从而提高了齐国的总体人口数量。对商业特别是盐商加以重税，以补足税收的差异。实行粮食"准平"的政策，避免富人抢夺穷人的粮食，进一步限制贫富的差距。

在齐国各处设立"女间"，将战犯或罪犯的寡妇充于其间，并抽以税收。这种经济政策和措施，导致了许多秦人、晋人慕名而来到齐国，大大地充实了齐国的国库。

■ 管仲 （前723年或前716年～前645年），名夷吾，史称管子。春秋时期齐国政治家、军事家，周穆王之后代。谥"敬仲"。辅佐齐桓公成为春秋时期第一霸主，有"春秋第一相"之誉。有《管子》一书传世。

■ 齐桓公与管仲商议政事

齐桓公改革之后，齐国国力大为增强，齐桓公决定称霸天下。他先是与邻国修好，归还各个临国以前侵占地盘，使邻国成为四周的屏障。接着，他又大会诸侯。

齐桓公是历史上第一个充当盟主的诸侯。

公元前681年，齐桓公在甄召集宋、陈、蔡、邾4国诸侯会盟，共修和好。

公元前651年夏，齐桓公再次大会诸侯于葵丘。这年秋天，又和诸侯会于葵丘。

通过与邻国修好和多次会盟，齐桓公在诸侯中的地位越来越高，终成霸主。

公元前645年，管仲重病，齐桓公问他群臣中谁可以代为相，管仲举荐了几位有才学的人。但在管仲去世后，齐桓公却不听管仲的话，信任竖貂、易牙等佞臣。

葵丘 位于今山东省东明县陆圈镇五霸岗村。春秋时为郑国属地，齐桓公曾在此会盟诸侯。此地现存的葵丘会盟台，面积300平方米，高两米。会盟台三面环水，林木葱郁，景色十分秀丽。

■ 各路诸侯会盟于马踏湖

文韬武略

杰出帝王与励精图治

就在齐桓公重病期间，奸臣各率党羽争位，竖貂、易牙矫托王命把王宫用高墙围起，只留一个小洞，齐桓公饮食，全靠小太监从洞里送入，并很快连饭也不送了。

■ 管仲之墓碑

公元前643年冬，被禁闭的齐桓公在饥渴中悲惨的死去。各派之间趁机互相攻打对方，齐国一片混乱。直至两个多月后才在老臣的建议下发丧，这个时候，齐桓公的尸体已经腐烂不堪，虫蛆爬出户外，恶臭难闻。齐国霸业随之衰落。

阅读链接

公元前656年，齐桓公率领军队攻打楚国。楚成王派使节屈完到齐军中去交涉。

齐桓公让军队摆开阵势，与屈完同乘一辆战车观看军容，意思是向屈完炫耀武力。

屈完对齐桓公说："如果您用仁德来安抚诸侯，哪个敢不顺服？如果您用武力的话，那么楚国就把方城山当作城墙，把汉水当作护城河，您的兵马虽然众多，恐怕也没有用处！"

后来，屈完代表楚国与齐桓公订立了盟约。

在诸侯争霸时代，弱者能够在强大的武力面前不屈服，尤其需要超凡的智慧。

晋文公姬重耳

　　晋文公重耳（前697年～前628年），晋献公的儿子，公元前636年至公元前628年在位。他少年好学，善交贤能，颇得士人之心。公元前636年回国即位，启用大量贤能，推行新政，积极改革，使得晋国力强大起来。他后为周王室平定了诸侯之乱，使周王朝得到了一时的安定，他因此获得了天下的广泛赞誉。

　　晋文公文治武功，开创了晋国长达百年的霸业。他昭明后世，显达千秋，与齐桓公并称"齐桓晋文"，为后世儒家和法家等学派所称道。

■ 晋文公姬重耳的画像

晋献公年老的时候，宠爱一个叫骊姬的妃子，他想把骊姬生的小儿子奚齐立为太子。晋献公另外两个儿子重耳和夷吾都感到很危险，就先后逃到别的诸侯国避难去了。

晋献公去世后，晋国发生了内乱。后来夷吾回国夺取了君位，也想除掉重耳。重耳同狐偃和赵衰等人再一次到别处逃难。他们先后逃到狄、卫国、齐国、楚国。

楚国的成王把重耳当作贵宾，还用招待诸侯的礼节招待他。

有一次，楚成王在宴请重耳的时候，问重耳将来怎样报答他？重耳说："要是托大王的福，我能够回到晋国，我愿意跟贵国交好，让两国的百姓过上太平的日子。万一两国发生战争，在两军相遇的时候，我一定退避三舍！"

公元前636年，流亡了19年的重耳终于回到晋国，并被众人拥立为君。这就是晋文公。为巩固统治地位，晋文公便找来狐偃、赵衰等人商量改革朝政，令狐偃与赵衰制订国策，建立制度。他让狐偃全权改

狐偃（约前715年～前629年），也称子犯、舅犯等，重耳的舅舅，春秋时晋国的国卿。狐偃在城濮之战中起到重要作用，晋文公盛赞"偃言万世之功"，给狐偃以极高评价。

太子 封建时代君主的儿子中被预定继承君位的人。周时天子及诸侯的嫡长子，或称太子，或称世子。后世从秦朝到明朝继续沿用，只是在叫法上各个朝代稍有不同。但总体来说，其地位仅次于皇帝本人，并拥有类似于皇帝的东宫。

■ 《晋文公复国图》局部

文韬武略

秦始帝王与励精图治

周襄王（？～前619年），姬姓，名郑，周惠王之子。春秋时期东周国王，在位33年。襄王时期，诸侯争霸日益激烈。城濮之役后，襄王想让晋文公恭敬地服从他的命令，以安抚四方诸侯，并惩治不忠于王室的邪恶之人。

《晋文公复国图》局部

革，并让赵衰辅之，进行了一系列的改革措施。

在生产上，号召改进工具，施惠百姓，奖励垦殖；在贸易方面，降低税收，积极争取邻商入晋，互通有无，经济获得了繁荣的发展。

同时，大量起用受惠公、怀公时代受到迫害的旧族，提拔才能突出的新贵，笼络新旧贵族，使统治集团能够和谐相处。

晋文公还设立了三军。

在赵衰的建议下，任命郤縠为中军元帅，郤溱为中军佐。任命狐毛为上军将，由狐偃辅助。任命栾枝为下军将，先轸为下军佐。这样，公族为主，外戚为次，远亲为辅，形成了由六卿统领军队的完整阵容。

经过大刀阔斧的改革，晋国已越入强国之列。但晋文公之志不仅在此，他要称霸中原。就在晋文公为尊天子绞尽脑汁之时，机遇来临了。

公元前636年，周襄王与胞弟王子发生火并，王子联合狄人军队攻周，大败周军。在这种情况下，晋文公名正言顺地下令出兵勤王。叛军在晋国部队大举攻击下，很快溃不成军。周襄王被迎回王都。

周襄王大为感动，亲自接见晋文公，并好酒好肉招待。为了让晋国更加方便地辅弼王室，周襄王将阳樊、温、原、攒茅4个农业发达的城池赐予晋文公。

由此，晋国南部疆域扩展至今太行山以南、黄河以北一带，为其日后图霸中原提供了有利条件。逐鹿中原的大门顿时大开。

平定王子带之乱后，晋文公个人形象和晋国的国际形象都得到了极大的提升。于是，晋文公率军威慑卫国，令卫国大为恐慌。不久，晋国主力南移至曹国，俘虏曹共公，令曹国附晋。

此时国际形势错综复杂。当时楚成王本想与晋国一决高下，目标是救援卫国和曹国，不想卫、曹两国竟被晋国策反。于是，楚成王派大将成得臣率领楚、陈、蔡、郑、许五国兵马攻打宋国，以制衡晋文公。

在形势危急的情况下，宋襄公的儿子到晋国请兵援救。晋文公听从了大臣们的建议后，便派出了数万大军，浩浩荡荡去救宋国。晋、楚两国刚一交战，晋文公就立刻命令往后撤。

晋军中有些将士想不开，狐偃解释说："当初楚王曾经帮助过主公，主公在楚王面前答应过：要是

成得臣（？～前632年），成氏，姓芈，名得臣，字子玉，他是若敖氏后裔。公元前637年，他因战功被推荐为令尹。令尹是楚国在春秋战国时代最高官衔，总揽军政大权于一身。后在城濮之战中溃败，引咎自杀于归途中。

■ 周襄王胞弟王子

城濮 古地名。一说在今山东省鄄城西南临濮集，一说在今河南省开封县陈留附近。春秋时期卫国属地。著名"城濮之战"发生地。城濮之战是我国历史上最早有详细记载的战例，是诱敌深入战术的典范。

楚成王（？～前626年），熊氏，姓芈，名恽。他在位45年，于公元前638年，在泓之战中战败宋襄公，称雄中原。重耳逃到楚国时，他曾以厚礼接待了重耳，对重耳谋取霸业，起到过很重要的作用。

■ 城濮之战复原图

两国交战，晋国情愿退避三舍。今天后撤，就是为了实现这个诺言。要是我们对楚国失了信任，那么我们就会理亏了。假如我们退了兵，他们还不罢休的话，步步进逼，那就是他们输了理，我们再跟他们交手也不迟。"

晋军一口气后撤了90里，到了城濮才停下来，布好了阵势，并严密监视战场情况。楚国有些将军见晋军后撤，想停止进攻。可是成得臣却不答应，一步紧一步地追到城濮，跟晋军遥相对垒。

公元前632年4月某日清晨，在城濮原野之上，晋、楚两国大军集结完毕。一场关乎晋文公政治生涯乃至华夏文明走向的大战即将来临。晋文公登上高台，指挥晋军。晋文公手下大将先轸、郤溱率领中军，护卫在晋文公左右。狐毛、狐偃领上军居右，栾枝领下军居左。

大战开始了。刚一交手，晋国的将军用两面大旗，指挥军队向后败退。他们还在战车后面拖着伐下的树枝，让战车拖扬起一阵阵尘土，显出十分慌乱的

模样。成得臣原本不把晋军放在眼里，他见此情形，就不顾一切地直追上去。结果，正中了晋军的埋伏。

■ 城濮之战复原图

此刻，晋军的中军精锐，突然猛冲过来，把成得臣的军队拦腰切断。那些原来假装败退的晋军也回过头来，会同中军前后夹击，把楚军杀得七零八落。

晋文公爱惜圣灵，他吩咐将士们，只把楚军赶跑，不要再追杀。成得臣带了败兵残将回到半路上，觉得自己没法向楚成王交代，就自杀了。晋军占领了楚国营地，尽获楚军遗弃的粮食，凯旋回国。晋文公霸业已成，率军撤退，一路高奏凯歌，军容甚整。

公元前632年5月，晋文公奉周天子之命，召集各路诸侯在践土会盟。同年冬，晋文公在周、晋边界线上，再度以霸主之命号召诸侯，并由自己主盟，加固诸侯之间的联盟。

中军 春秋时期，行军作战分左、右、中或上、中、下三军，主将在中军指挥，后世常以中军代称主将。此外，"中军"一词还是官名。汉、晋将军中有此名，或主军事，或总宿卫，不常置。在南北朝时期也有此官号，用以安置权臣。

■ 晋文公雕塑

公元前631年，周襄王欲召集诸侯，他让晋文公代替自己发布命令，要诸侯到翟泉面见周天子。周襄王还特许晋国狐偃代晋文公主持会盟。当年6月，诸侯大会在翟泉如期举行，在活动中，晋国彰显了高人一头的优越感。翟泉会盟，标志着晋文公的霸业达到了巅峰。城濮之战和3次会盟后，中原出现了晋国独大的新格局。诸侯们在晋文公霸主的光辉之下，积极拥护晋国。但也有例外，他就是特立独行的郑文公。

现在晋国势大，郑文公对晋国更不放心了。于是，郑文公就与楚国联络，希望以此为助力，打击晋国势力，但这一消息不胫而走。晋文公本来早就想伐郑以报当初轻慢之恨，这次正好有了借口。

公元前630年，晋文公向郑国发起进攻，此番征战虽未灭郑，郑文公再也不敢对晋无礼，从此小心侍奉晋文公。两年后，郑文公去世，晋文公送在晋国做大夫的郑国公子兰回国即位，这就是郑穆公。郑穆公在位22年，始终是晋国的重要追随者。

晋文公在霸业初定后设立了三行，即中行、右行和左行。三行军主要是为了防御在太行山一带游弋的胡人。这支军队作为晋国不怎么起眼的后备军，却为后世史家所反复提到。因为按照周代制度，诸侯扩军不能超越三军，而此时晋国则是3支正规军，外加3支后备军。可见其势力之大。

晋文公即位以来，他文倚狐偃、武用先轸，整个晋国高层和气一堂，大家同心协力。事实上，狐偃、先轸等都属于作风强硬的政治家，这就难免会产生摩擦。这时很需要一位虚怀若谷、高风亮节的人来润滑摩擦，而这个人，就是当年曾经陪同晋文公历尽磨难的赵衰。

公元前629年，晋文公举行了盛大的阅兵式。为了表彰赵衰，为了使贵族们的权益分配更加合理，也为了满足自己的虚荣心，晋文公裁撤仅存在了3年的三行预备役，增设新二军，即新上军、新下军。

以赵衰为新军最高领导。在晋文公的刻意安排下，赵衰统领新军。诸侯扩为五军，旷古未有，这再一次证明，晋文公享受着诸侯领袖的绝对优势与权威。

公元前628年，功成名就的晋文公病重，年迈的身躯已经无法支撑他的生命。不久，一代霸主晋文公与世长辞，晋国大丧。

晋文公时代结束，晋襄公时代来临……

阅读链接

重耳在齐国时，他的夫人为了他能顺利回国，就劝重耳不要苟且偷安，只图自己过上安逸的生活。

当重耳一时糊涂不听劝诫时，她就以女人的智谋给重耳敬酒，想在他喝醉时，让狐偃等人把他带离齐国。当重耳酩酊大醉时，她知道时机成熟，就吩咐狐偃等人，将重耳抱上车去，逃到了楚国。

重耳的夫人是个重感情的女人，在个人幸福与晋国复兴大业面前，她深明大义，舍小为大，这种千古罕有的贤德，实在值得人们敬仰！

秦穆公嬴任好

　　秦穆公（？～前621年），一称作秦缪公，姓嬴名任好。秦国第一任君主。谥号"穆"。在部分史料中被认定为春秋五霸之一，也是秦国历史上一位有作为的君主。

　　秦穆公非常重视人才，其任内获得了百里奚、蹇叔、丕豹、公孙支等贤臣的辅佐，曾协助晋文公回到晋国夺取君位。秦穆公在位期间，内修国政，外图霸业，统一了今甘肃、宁夏等地，开始了秦国的强大崛起。他出兵攻打蜀国和其他位于函谷关以西的诸侯国，开地千里，因而周襄王任命他为为西方诸侯之伯，因此称他为"霸西戎"。

■秦穆公画像

秦国僻处西陲，原是居住在秦亭周围的一个嬴姓部落，周初为附庸小国。春秋初年因秦襄公帮助周平王东迁才被封为诸侯，并承周平王赐给岐山以西之地。公元前659年，秦穆公继位，就开始他的争霸事业。

秦穆公即位后，为了东进，首先联络当时力量强大的晋国，向晋献公求婚。晋献公就把大女儿嫁给了他，结为"秦晋之好"。与此同时，秦穆公四处搜求人才，以图国家强盛。

秦穆公塑像

晋献公当年灭虞时，俘虏了虞公及其大夫百里奚。百里奚很有才能，晋献公本想重用他，但百里奚却宁死不从。当秦穆公到晋国求婚时，百里奚被当作陪嫁的奴仆随行，但他途中却偷偷逃走了。

秦穆公听说百里奚有才，就一心想找到百里奚。因此引发了一个流传千古的"羊皮换贤"的故事。

秦穆公打听到百里奚在楚国后，就派人对楚王说："我家的陪嫁奴隶百里奚逃到这里，请允许我用5张黑色公羊皮赎回他。"

■ 百里奚 名奚，字井伯。也称百里子或百里、字里，奚是"傒"字的简写。世人称其为五羖大夫，孟明视之父。百里奚辅佐秦穆公称霸，对以后秦国兼并六国结束分裂局面，形成大一统的中华帝国，奠定了基础。

蹇叔 宋国铚邑，即今安徽省濉溪县人，春秋时秦国大夫。有贤名，为百里奚所推荐，秦穆公任为上大夫。他在秦国崛起的过程中，发挥了很大作用。

庶长 战国时秦国官名，春秋时秦国始置，握有军政大权，地位相当其他各国的卿。到商鞅变法时，制订"二十等爵"的制度，十级至十八级都是庶长。

■ 孟明视画像

楚国答应了这笔交易后，交出了百里奚。由于百里奚是用5张公羊皮赎回来的，所以人称他为"五羖大夫"。

百里奚见秦穆公重视人才，就甘心辅助秦穆公，还向秦穆公举荐蹇叔，说他的才能更大。秦穆公一听还有比百里奚更能干的人，连忙派使者带着重金，到蹇叔隐居的地方请他出山。

秦穆公于是封百里奚为左庶长，蹇叔为右庶长，称为"二相"。

百里奚又向秦穆公推荐了蹇叔的儿子西乞术、白乙丙。秦穆公封蹇叔为右相，封拜百里奚为左相。

没多久，百里奚的儿子孟明视也投奔到秦国来，被秦穆公封为将军。

秦穆公除了对才能大的人重视外，还很宽宏大量，以自身道德行为感化人。秦穆公在岐山有一个王室牧场，饲养着各式各样的名马，有一天几匹马突然逃跑。

秦穆公就出宫亲自去找。

看见有人已经把自己的马杀掉了，正在一起吃肉。秦穆公对他们说："这是我的马呀！"

这些人都害怕惊恐地站起来。

秦穆公说："我听说吃骏马的肉不喝酒是要死人的。"于是给他们酒喝。

那些人因此感到很惭愧，他们都记住了秦穆公的好处。过了3年，晋国攻打秦穆公，把秦穆公围困住了。以前那些杀马吃肉的人互相说："咱们现在可以用出力为君王拼死作战，来报答秦穆公当年给我们马肉吃好酒喝的恩德。"

郑文公之碑

于是冲散了包围，秦穆公终于幸免于难，并打败晋国，抓了晋惠公回来。

除此之外，秦穆公还重用他国来的客卿，这些谋臣武士，辅佐秦穆公，使秦国兵强马壮。

公元前628年，晋文公和郑文公全去世了，秦穆公便想借此机会打败晋国，谋求霸业。他命孟明视为大将，西乞术和白乙丙为副将去打晋国，结果被晋军打败。

晋军本想将秦军的三员大将杀了，用他们的头颅来祭祖先，但考虑秦、晋两国原是亲戚，关系很好，就把孟明视等人放了。

秦国战车浮雕

古代战争场景

孟明视 春秋时期虞国人，姜姓，百里氏，名视，字孟明，百里奚之子。秦穆公的主要将领。他曾率领秦军与晋国决战，屡战屡败，但最终还是战胜了晋军。后来，又使得秦国征服西戎等诸侯国，并且很快成为霸主。

谋士 是为国家立法、行政以及相关的决策活动，提供个人智力成果并发挥重要作用的人常以"军师"、"幕僚"等身份，为自己的"主人"、"主公"，出谋划策，排忧解难，有时甚至以死相报。

秦国图谋再起，为报仇做着不懈的努力。秦军经过孟明视等将军的严格训练，已经是一支兵强将勇、英勇顽强的军队了。

公元前624年，秦军渡过了黄河，孟明视下令烧毁渡船，表示不获胜利便不生还。先锋由孟明视亲自担任，秦军一路上势如破竹，没几天就把过去被晋军攻占去的城池收了回来。

消息传至晋国都城，朝野兵民一片惊慌，群臣见秦军如此凶悍，全建议回避一下，不要和秦军作战，连晋军的大将们都不敢迎战。晋襄公无法，只得命令晋军坚守，不得与秦军交战。

在晋国的土地上，秦军往来驰骋，犹入无人之境。

秦穆公接着向西发展。他用计把从晋国投奔到戎人中的由余招来做谋士。由于长期生活在戎人中，对他们的情况熟悉，他的建议秦穆公很重视。

秦国根据由余的计划，于公元前623年出征西戎，以迅雷不及掩耳之势，包围了绵诸，在酒樽之下活捉了绵诸王。秦穆公乘胜前进，20多个戎狄小国先后归服了秦国。

秦国辟地千里，国界南至秦岭，西达狄道，北至朐衍戎，东到黄河，史称"秦穆公霸西戎"。

秦穆公对戎人的胜利，周王特加祝贺，并且赐予金鼓，希望他擂鼓继续向戎人进攻。此外，周襄王也派遣人带了金鼓送给秦穆公，以表示祝贺。

秦穆公通过一系列的对西侵略战争，从西戎诸部落那里获得了大量的土地、人口；并且几次干预晋国的内政，把秦国的影响力扩张到了中原。

公元前621年，秦穆公去世。

秦穆公死后，人才被用来殉葬毁灭，他的继承者们也都平平无大作为。在整个春秋之际，秦国再没有在当时的政治舞台上有过上乘的表现。这与他们用人才殉葬有直接关系。

阅读链接

秦穆公曾经询问善于相马的伯乐，有谁可以派去帮自己寻找好马？

伯乐向秦穆公推荐了九方皋。

秦穆公接见了九方皋，派他去寻找好马。过了3个月，九方皋回来报告说已经找到好马了。

秦穆公派人把马牵来，一看之下很是失望。但伯乐认为，九方皋找来的这匹马一定是好马。等到那匹马牵回驯养后使用时，秦穆公发现，它果然是一匹天下难得的良驹。

秦穆公从这件事上得到了启发，他派人到各处去广招人才，希望天下有用的人都投奔到他的门下来。

吴王阖闾

阖闾（？～前496年），又称作阖庐，姓姬名光。吴王夷末之子，故又称公子光。他是春秋时吴国第二十四任君主，公元前514年至公元前496年在位。

吴王阖闾在执政时期，他以楚国旧臣伍子胥为相，以齐人孙武为将军，使国势日益强盛，最后成就了霸主地位。

阖闾是著名政治家，同时，也是春秋时期武功最强盛的霸主，兴盛吴国，大破楚国，称雄一时。

■ 吴王阖闾画像

■ 孙武（约前535年~？），字长卿。春秋时期的齐国人。是著名的军事家、政治家。其巨著有《孙子兵法》13篇，为后世兵法家所推崇，被誉为"兵学圣典"，置于《武经七书》之首，被译为英文、法文、德文、日文，成为国际间最著名的兵学典范之书。

公元前515年，因王位继承问题，阖闾以宴请吴王僚为名，派勇士专诸将剑藏在鱼腹中，趁上菜之机刺杀了吴王僚。这就是历史上著名的"专诸刺王僚"故事。刺杀吴王僚后，阖闾夺得吴国王位，史称"吴王阖闾"。

这时的吴国虽已强大起来，但仍有不少困难，譬如：常受江河海水的侵害，军事防御设施尚不完备，国家和人民的安全没有保障；国家粮仓还没有建立，荒地也没有充分开垦；西边的楚国已成为雄踞中南的泱泱大国，南边的越国也具有很强的实力，对吴国构成很大威胁。

在这种严峻的形势下，具有政治胆识的阖闾大力搜罗人才，任贤使能，采纳良策，听取民声。他任用了楚国旧臣伍子胥，听取其振兴吴国的建议。并召伍子胥为行人，以伯嚭为大

吴王僚（？~前514年），姓姬，名僚，号州于。吴王夷昧之子。吴王夷昧去世后，姬僚便自立为吴王，成为春秋时期吴国第二十三任君主，公元前526年至公元前514年在位。后来被其兄弟阖闾的刺客专诸给刺杀了。

■ 伍子胥（？~前484年），名员，字子胥。周代春秋末期吴国大夫，谋略家和军事家。吴国倚重伍子胥等人之谋，遂成为诸侯一霸。后来，继承王位的吴王夫差听信谗言，派人送一把宝剑给伍子胥，令其自杀。

■ 古代战争场面

令尹 春秋战国时代楚国的最高官衔，是掌握政治事务，发号施令的最高官。执掌一国之国柄，对内主持国事，对外主持战争，总揽军政大权于一身。令尹主要由楚国贵族当中的贤能来担任，并且多为芈姓之族，也有少数外姓之人为令尹。

夫，共谋国事。

经伍子胥推荐，阖闾亲自召见军事家孙武，孙武献出了自己的军事著作兵法13篇。当时正是吴国振兴霸业之机，阖闾读了很感兴趣，封孙为将军。

阖闾让伍子胥主持修建的阖闾大城，就是今天的苏州古城，他还设置守备，积聚粮食，充实兵库，为称霸诸侯做准备。

经过几年的努力，吴国不断发展壮大，百姓丰衣足食，乐于为国家而献身。

这个时候，吴国具有了强大的经济实力，阖闾开始把重点转向军事上的发展。他教导吴国的士兵和将领加强训练，以适应与中原诸侯国作战的需要。

阖闾还重用军事家孙武，提高战术素养。加紧制作锋利的宝剑，以供战争之用。一切准备就绪，阖闾首先把矛头指向了西边强大的楚国。

公元前506年，吴王阖闾率军伐楚，在"柏举之战"中大败楚军，主帅令尹子常狼狈逃窜。楚军失去主帅，惨败溃逃。

此后，吴军又连续5次击败楚军，仅10天即进入楚国国都郢，创造了春秋时期攻占大国都城的先例。楚昭王惊慌出逃，后在秦国的帮助下才重返国都。

"柏举之战"是春秋末期一次规模宏大、影响深远的大战，史学家范文澜称它为"东周时期第一个大战争。"史学家吕思勉称它为"我国历史上以少胜多对比最悬殊的战役。"

吴国战胜强大的敌人楚国后，给楚国以巨大的创伤，使吴国声威大振，为吴国进一步争霸中原奠定了坚实的基础。

公元前507年，阖闾亲自率领大军，迎战前来进攻的越国军队，大败越军。

诸侯 是古代中央政权所分封的各国国君的统称。周代分公、侯、伯、子、男五等，汉朝分王、侯二等。周制，诸侯名义上需服从王室的政令，向王室朝贡、述职、服役，以及出兵勤王等。汉时诸侯国由皇帝派相或长史治理，王、侯仅食赋税。

■ 古代战争场面

吴王阖闾画像

公元前504年，阖闾率军再次伐楚，迫使楚国迁都于郢。从此，吴国威震中华。

公元前496年，阖闾兴师伐越国，两军在今浙江省嘉兴南交战，史称"槜李之战"。

在战斗中，越大夫灵姑浮挥戈击中阖闾，斩落他的脚趾。阖闾身受重伤，在败退途中，死在陉地，距槜李仅3.5千米。后葬苏州虎丘山。

当时，吴国的实力远超过了越国，但在"槜李之战"中越国却战胜了吴国，这就教育了吴国的执政者，要争霸中原，必先灭掉越国，以扫除后顾之忧。

大概正是由于这个原因，所以阖闾在临死前嘱咐自己的儿子，绝不能忘记这一深仇大恨。他只好把辉煌留给了他的后人。

文韬武略

杰出帝王与励精图治

阅读链接

阖闾去世后，其子夫差为营造阖闾墓，曾征调10万民工，使用大象运土石，穿土凿池，积壤为丘，历时3年竣工。史载墓中"铜椁三重，倾水银为池，黄金珍玉为凫雁"。吴王阖闾被埋葬在新都姑苏的虎丘山上。

虎丘最神秘的古迹是虎丘剑池：两边陡峭的石崖拔地而起，锁住了一池绿水。据方志记载，剑池下面是吴王阖闾埋葬的地方，因入葬时把他生前喜爱的3000把宝剑作为殉葬品埋在墓中，所以取名"剑池"

吴王夫差

夫差（？～前473年），又称吴王姬夫差，阖闾之子，姬姓，吴氏，名夫差。他是春秋时期吴国末代国君，公元前495年至公元前473年在位。

他在位期间，励精图治，发展生产，并开凿邗沟，连接长江和淮水，开辟出一条水道，进逼中原。

此后，他在夫椒大败越国，攻破越都，使越屈服，使得国力达到了鼎盛。后来，他又在艾陵打败了齐国。公元前482年，他夺得霸主地位。

■ 吴王夫差雕像

■ 范蠡（前536年~前448年），字少伯，春秋楚国人，政治家、军事家、经济学家。我国儒商鼻祖，后人尊称"商圣"。他为勾践出谋划策，功劳相当之大。在很多历史文献中均记有范蠡事迹。

公元前496年，吴王阖闾在攻打越国的战争中受了重伤，临死前嘱咐儿子夫差要替他报仇。夫差牢记父亲的话，在即位当年就以伯嚭为太宰，与老将伍子胥操演军队，准备攻打越国，以图复仇。

夫差为了使自己不忘记杀父之仇，就令一个人天天站在宫门口，每次夫差路过的时候，就让这个人说："你忘掉越国杀死了你父亲的大仇？"

夫差回答："杀父之仇，岂敢忘怀。"

公元前494年，在吴楚争霸战争中，夫差率军与越国军队在夫椒作战。在此之前，越王勾践闻夫差为报父仇，正加紧训练军队，准备攻越，遂不听大夫范蠡的劝阻，决定先发制人，出兵攻吴。

吴王夫差闻讯，征发全部水陆军迎战。

在夫椒之战中，越军战败，损失惨重，仅剩5000余人，退守会稽山。吴军乘胜追击，占领会稽城，包围会稽山。越王无奈，采纳大夫范蠡、文种建议，派文种以美女、财宝贿赂吴太宰伯喜否，请其劝夫差准许越国附属于吴。

文种（？~前472年），也称作文仲，字会、少禽，春秋末期著名的谋略家，越王勾践的谋臣。他和范蠡一起为勾践最终打败吴王夫差立下赫赫功劳。灭吴后，自觉功高，不听从范蠡的劝告，而继续留下为臣，却被勾践不容，受赐剑自刎而死。

老臣伍子胥请吴王不要许诺。此时，夫差急于北上与齐争霸，不采纳伍子胥的建议，就与越国讲和，并率军回国。

吴国撤兵后，勾践带着妻子和大夫范蠡到吴国伺候吴王，放牛牧羊，终于赢得了吴王的欢心和信任。3年后，范蠡被释放回国了。

在这一时期，吴国在江、淮之间，今江苏省扬州开凿了我国最早的邗沟运河。

在吴国开凿邗沟之前，我国东南地区和中原诸州无自然的水道直接相通，南船北上，全由长江入黄海，由云梯关溯淮河而上，至淮阴故城，向北可由泗水而达齐鲁。这既绕了路，又要冒入海航行的风险。

夫差为了北上伐齐，就从今扬州市西长江边向东北开凿航道，沿途拓沟穿湖至射阳湖，至淮安旧城北与淮河连接。这条航道，大半利用天然湖泊沟通，史称"邗沟东道"。

邗沟运河的开凿，为我国的运河工程打下基础。

伯嚭　姓姬。春秋晚期人，原为晋国公族。为人好大喜功，贪财好色，为一己私利而不顾国家安危，内残忠臣，外通敌国，完全丧失了其祖辈的优良品质，使吴国在吴越争雄中拥有绝对优势的条件下，丧失有利时机，逐渐走向衰败。

■ 越王勾践剑

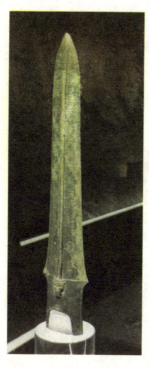

■ 吴王夫差矛

黄池　在今河南省封丘县城南11千米处。据《封丘县志》记载："天子东游于黄泽。歌曰：黄之池，其马喷沙，黄之泽，其马喷玉。"故春秋时期叫黄池。历史上有名的"黄池之会"就在这里举行。现在仅存有古黄池碑一通，建砖砌碑楼加以保护。

公元前482年，夫差为了与晋国争夺诸侯盟主地位，亲自带领甲胄鲜明的大军，浩浩荡荡地去黄池参加诸侯大会。

在黄池大会上，夫差与各诸侯国国君并排站在封禅台上，检阅三军。

吴军精锐尽出，声势壮大，夫差所到之处，三军将士必齐声鼓噪。各诸侯国国君深深畏服之。夫差志得意满。又与众人围猎，颇多斩获。

当时有人赞扬夫差说："真上马可治军，下马可治国之君也。"夫差听到他一生中对于自己最高的评价，顿时有飞升的感觉一般，腾云驾雾。最后，夫差做了盟主，霸业既定。

越王勾践得知消息后，在吴越边境秘密集结了3万名精兵，准备乘吴军精锐尽数赶赴黄池大会之机发动进攻。

当时的姑苏城只剩老弱残兵，勾践催动大军，以迅雷不及掩耳之势，一举攻进吴国国都，并杀了吴国太子友。

夫差听到这个消息后，急忙带兵回国，并派人向勾践求和。

勾践估计一下子灭不了吴国，就同意了。

公元前473年，勾践趁吴国遭遇灾荒，第二次亲自带兵攻打吴国。这时的吴国已经是强弩之末，根本抵挡不住越国军队，屡战屡败。最后，夫差是好派人向勾践求和，但范蠡坚决要灭掉吴国。

越大夫文种墓

　　绝望中的夫差见求和不成，才后悔当初没有听伍子胥的忠告，非常羞愧，就拔剑自杀了。

阅读链接

　　吴王夫差盉，是2000多年前吴王夫差遗留下来的唯一青铜酒器。盉高约27.8厘米，口径11.7厘米，腹径24.9厘米。

　　顶上有盖，盖上有系，套在链上的一端，另一端与提梁上的小系相接。弧形提梁采用了一个龙的造型，提梁内部是中空的，由无数条小龙相互纠缠交结而成，这被称为透雕绞龙纹。

　　腹部呈扁圆形，圆口深腹。表面上也饰有变形的龙纹。圆底下置3个兽蹄形足，足的上部是变形兽面纹。吴王夫差盉造型古朴典雅，堪称我国春秋晚期青铜铸造的上乘之作。

越王勾践

勾践（？～前465年），姓姒，名勾践，又名菼执、鸠浅。春秋末年越国国君，公元前497年至公元前465年在位。

他曾经败于吴王夫差，被迫屈辱求和，给吴王做奴仆。归国后卧薪尝胆，提醒自己不忘在吴国的苦难和耻辱经历。

他与百姓同甘共苦，发愤图强，终成强国，并迫使夫差羞愧自杀。

■ 越王勾践石刻雕像

■ 苏州姑苏台

战国时代，吴国和越国是两个大国。吴王夫差为了霸主的地位，加紧训练士兵，准备打败越国。此时的越王勾践并没有意识到吴国的强大。勾践的大臣范蠡经常提醒他要小心吴国，但勾践为吴国的实力远不如自己，就没把范蠡的话放在心上。

果如范蠡所料，夫差终于出兵了。夫椒一战，勾践惨败，被迫退守会稽山。最后求和不成，只好听命于夫差，到吴国去做奴仆。

范蠡担心勾践在吴国有杀身之祸，就陪同勾践一同前往吴国，去从事养马驾车等贱役。

有一天，吴王夫差登姑苏台游嬉，远见勾践君臣端坐在马粪堆边歇息，范蠡恭敬地守候在一旁。

夫差说："勾践不过小国之君，范蠡无非一介之士，身处危厄之地，不失君臣之礼，也觉可敬可怜。"从此，夫差便有了释放勾践回国的意思。

有一次，夫差生病了。范蠡知是寻常疾病，不

姑苏台 又名姑胥台，在江苏省苏州城外西南隅的姑苏山上。姑苏台遗址，即今灵岩山。吴王夫差自战胜越国之后，在吴中称王称霸，得意忘形，骄傲起来，在国内大兴土木，到处建造宫室、亭台楼阁，作为他享乐、荒淫无度的"蓬莱仙境"，长生逍遥之地。

久即愈，便与勾践商定一计，让勾践去尝粪预测疾病，讨吴王夫差的欢心。勾践对夫差竭力奉承，夫差很是欢喜，不久身体果然复原。于是，夫差作出释放勾践君臣回国的决定。

勾践回到越国后，立志报仇雪耻。他唯恐眼前的安逸消磨了志气，就在吃饭的地方挂上一个苦胆。每逢吃饭的时候，先尝一尝苦味，还自问："你忘了会稽的耻辱吗？"

他还把席子撤去，用柴草当作褥子。这就是后来人们传诵的"卧薪尝胆"。

勾践下决心要使越国富强起来，他叫文种管理国家大事，叫范蠡训练人马。他还根据连年征战，人口稀少的具体条件，制订了一系列奖励生育的政策。全国的老百姓都巴不得多加一把劲，好叫这个受欺压的国家赶快富强起来。

卧薪尝胆匾额

勾践整顿内政，努力生产，使人丁兴旺，国力渐渐强盛起来。在这种情况下，他就和范蠡、文种两个大臣商议怎样讨伐吴国的策略。

勾践向夫差施用美人计，消磨夫差精力，使他不问政事，以加速吴国的灭亡。

他派人专门物色最美女子，把越国美女西施、郑旦献给夫差，让她们天天陪夫差喝酒、跳舞。夫差在美色的迷惑下，果然迷恋其中。

勾践还收购吴国粮食，使

■ 西施 本名施夷光，春秋末期出生于绍兴诸暨苎萝村。天生丽质。我国古代四大美女之首。是美的化身和代名词。西施也与南威并称"威施"，均是美女的代称。吴越争霸中，西施是勾践迷惑夫差的一件重要工具。

粮库空虚。有一回，勾践派文种去跟吴王说："越国收成不好，闹饥荒，向吴国借1万石粮，明年归还。"

夫差在心爱女人西施的劝说下，一口答应了。

第二年，越国的农业丰收。文种把1万石粮食亲自送还吴国。夫差就把这1万石卖给了老百姓作为种子。伯嚭把这些粮食分给农民，命令大家去种。

到了春天，种子种下去了10多天，还没有抽芽。没想到，又过了几天，那撒下去的种子全都烂了，他们想再撒自己的种子，已经误了农时。

这一年，吴国闹了大饥荒，吴国的百姓全恨夫差。他们哪里想到，这是文种的计策。当初还给吴国的那1万石粮，原来是经过蒸熟又晒干了的粮食。

此外，勾践还给夫差赠送木料，帮助夫差兴建宫殿，实际上是在耗费吴国人力物力。

公元前473年，越王勾践做好了充分准备，大规模地进攻吴国。吴国接连打了败仗，丧失了大部分领土，只剩下姑苏一座孤城了。姑苏城很快被勾践攻破，太子友也被杀了。

夫差派大臣跪在勾践的军前，请求议和。范蠡笑着说："当年我

■ 吴王宫殿

的大王被你打败，你没有攻占越国，才会有今天的下场，今天轮到你了，我们怎么会议和呢？"

夫差听了以后，觉得无颜面见伍子胥，就拔剑自杀了。

勾践得胜回国，开了个庆功大会，大赏功臣。不过此时，春秋行将结束，霸政趋于尾声，勾践已是春秋最后的一个霸主了。

阅读链接

当初勾践被困会稽时，愁眉苦脸地叹息说："难道我真的要在这里结束我的一生吗？"

文种见勾践如此消沉，就劝他说："大王，商汤当年被囚禁在夏台，周文王被围困在姜里，晋国重耳逃到翟，齐国小白逃到莒，可是他们最终都称霸天下。由此看来，谁又能保证我们今日的处境在某种程度上不是一种福呢？大王不要灰心，我相信您总有一天会称霸天下的。"

勾践得到吴王赦免，回到越国后，励精图治，兢兢业业，终于使国家富强起来，最后灭了吴国。

盛世明君

　　秦汉至隋唐是我国历史上的中古时期。其时间跨度1100多年，是一个强势政权数次更迭的历史时期。强势政权造就了激情帝王和开明盛世。秦始皇一统天下，汉武帝时形成统一的汉民族，此后经历动荡，隋文帝结束割据复归统一，而唐太宗的成就更是深远的影响了世界。

　　历代帝王心系社稷，励精图治，在我国中古时期奏响了强劲的帝国之音，其志可嘉，其功可颂。

千古一帝秦始皇

秦始皇（前259年～前210年），姓嬴名政，也称赵政。生于赵国首都邯郸。秦国国君，秦王朝的建立者。著名的政治家、改革家、军事统帅。

他是我国历史上一位极富传奇色彩的划时代人物。

他是首位完成中国统一的秦朝开国皇帝，结束了当时四分五裂的局面。

他被明代思想家李贽誉为"千古一帝"。

■ 秦始皇画像

公元前247年，秦庄襄王嬴楚去世，13岁的嬴政被立为秦王。在政权更迭之际，身居相位的吕不韦，竟然参与朝廷内部势力的叛乱活动，秦王政果断免去了他的相位，将他逐出封地，最后迫使他饮毒酒自杀。

秦王政是个有远大抱负的人，在做秦王之初，他就广纳人才，并积极听取他们的意见。比如他采纳了李斯"统一六国"的政治主张，又实行了张仪"连横"的外交策略。

■ 李斯画像

由于秦王政采取了英明决策，秦国日渐强大，从此走上了吞并六国，统一天下的道路。

公元前227年，秦王嬴政派秦国战将王翦、辛胜大举进攻燕国，在易水之西打败了燕国代国联军。第二年，嬴政又征调大军支援王翦，打败了燕军，攻陷燕都蓟城，燕王逃向辽东。后被秦将李信追杀。此后，秦王嬴政又先后灭掉了魏国、楚国、齐国、燕国等六国，至公元前221年，秦王嬴政终于完成了统一大业。

秦王嬴政统一天下后，参照秦国以前的制度，在政治、经济、文化等领域实行全面改革。

秦国群臣认为秦王平定天下，功业空前，远超三

吕不韦（？～前235年），出生于卫国濮阳。在赵国邯郸经商时结识邯郸的秦王孙异人，认为"奇货可居"，游说秦国立子楚为嫡嗣。后做秦国丞相。他是我国历史上著名的政治家和思想家，也是杂家思想的代表人物。

■ 秦始皇蜡像

咸阳 著名古都之一，为我国第一个帝都。其位于关中平原中部，渭河北岸，九嵕山之南，因山南水北俱为阳，故名咸阳。秦始皇统一全国后，咸阳成为全国政治经济交通和文化中心。

皇五帝。嬴政也觉得自己功盖三皇五帝，决定从"三皇"、"五帝"中各取一个字，取号为"皇帝"，其尊号为"秦皇"，因为他是第一位真正的皇帝，后人就称他为"秦始皇"。

秦始皇又采纳了李斯的意见，把天下划分为36郡，郡以下设县。

他又在中央朝廷里设置丞相、御史大夫、太尉、廷尉、治粟内史等重要的官职协助他治理国家。所有这些官员都归他任免和调动，一概不得世袭。国家政事，不论大小都由他决定。

秦始皇还把原六国的兵器全都收缴到京城咸阳来，回炉熔铸成12个大铜人和许多铜器，并把铜人和铜器立在咸阳宫殿前面的两边，象征着秦始皇灭亡六国统一中原。

秦始皇还以圆形方孔、每个重半两的钱作为全国统一的货币。他下令规定了统一的度量衡，如尺寸、升斗、斤两等。还下令统一文字，规定用一种叫作小篆的字体，作为全国统一使用的标准文字。通过统一文字，各地的文化交流就方便多了。

秦始皇统一天下之后，北方匈奴势力对秦王朝构成了严重威胁。为了保证中原地区的安定，秦始皇派遣大将蒙恬率兵30万，北攻匈奴，攻取了北方许多地方。并在北方设置了34个县。

公元前211年，秦始皇又从中原地区迁移3万多户人家到北方垦荒种植，推动了北方经济的发展，维护了边关的稳定。

接着，秦始皇便开始大范围地修筑长城。他在秦、赵、燕三国长城原有的基础上，加以连接和修补，构筑了西起陇西临洮和东至鸭绿江，长度达万余里的长城。这就是后来举世闻名的万里长城。

秦始皇总认为自己功盖三皇五帝，认为自己应该长生不老。所以，他不断地外出巡游，寻求能长生不老的仙药。

公元前210年，秦始皇开始了他的最后一次巡游。他从咸阳出发，首先来到南方的云梦一带，在九疑山祭祀了虞舜。然后便顺江东下，由丹阳登陆，来到钱塘，绕道120里渡江登上会稽山，在山上祭祀了大禹。

蒙恬（？～前210年），姬姓，蒙氏，名恬。祖籍齐国，今天的山东省人。秦始皇时期的著名将领，被誉为"中华第一勇士"。他是祖国西北最早的开发者，也是古代开发宁夏第一人。

■ 咸阳宫建筑模型

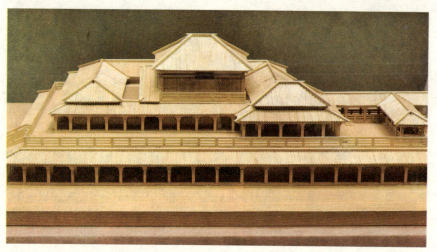

陕西秦始皇陵园墓碑

祭罢大禹，秦始皇在会稽山刻石留念，然后下山，经吴中北上。秦始皇一行从江乘渡江，一直沿着海边向北，又来到琅琊。他总想能在海边有所收获，遇见仙人或得到仙药，所以一直靠着海岸走，然而仍一无所获。

秦始皇求仙无望，便决定返回咸阳，在途中病倒了。

于是秦始皇和随从一路疾驰，准备赶回咸阳，不料到了沙丘，秦始皇就病逝了，终年50岁。

秦始皇统一天下，奠定了我国统一多民族中央集权国家的基本格局，对我国疆域的初步奠定和巩固发展国家的统一，以及形成以华夏族为主体的中华民族，起了重要作用。促进了我国历史上第一次民族大融合。第一次形成了真正意义上的中国。

阅读链接

战国后期时，日渐强大的秦国加快了兼并诸侯六国的战争步伐。

从公元前237年开始，秦王嬴政就开始谋划统一全国的战争。其作战的总谋略是由近及远，先取赵国、魏国、韩国，再取燕国、楚国、齐国。经过20多年的战争，秦国最终灭掉六国，统一了天下。

嬴政一统中国，对我国历史的发展有着深远的影响。秦的统一，结束了500余年春秋战国的分裂局面，创立一个专制主义的中央集权的郡县制国家，推进了中华民族的历史进程。

汉高祖刘邦

刘邦（前256年～前195年），字季。汉朝开国皇帝，谥号"高皇帝"。我国历史上杰出的政治家、战略家。

他是汉民族和汉文化伟大的开拓者，对汉民族的发展，对我国的统一和强大，以及汉文化的保护发扬作出了突出的贡献。

他是我国历史上第一位御驾亲征而统一天下的皇帝。也是第一位祭祀孔子并重用儒士的皇帝，为汉朝及后世以儒家文化为主体思想治国奠定了基础。

漢高祖劉邦

■ 汉高祖刘邦画像

文韬武略

杰出帝王与励精图治

■ 刘邦入汉蜡像

沛县 位于江苏省徐州西北部，处于苏、鲁、豫、皖4省交界之地。沛县，因古有"沛泽"而得名。沛县为汉高祖刘邦的故乡和发迹之地，也是明太祖朱元璋祖籍，向有"汉汤沐邑"、"明先世家"和"千古龙飞地"之称。

刘邦出生于丰县中阳里金刘寨村的一个农家，长大后做了沛县泗水的亭长，为人豁达大度。陈胜、吴广领导的秦末农民起义爆发后，刘邦在沛县百姓的推举下，以沛公的身份，设祭坛，立赤旗，自称赤帝的儿子，领导民众举起了反秦大旗。

公元前207年12月，刘邦率军到达了咸阳东边不远处的灞上。在高涨的反秦浪潮中，秦王子婴见大势已去，只得将传国玉玺亲手交给了刘邦，秦国至此灭亡。刘邦很得意地进入了咸阳城，以"关中王"自居。后将军队撤退到灞上，并召集当地的名士，和他们约法三章：杀人者死，伤人及盗抵罪。其他秦朝的苛刻法制一律废除，这使他得到了民心支持。

在秦朝末年的起义队伍中有一只强悍的军队，这就是项羽的部队。项羽在打败秦将章邯之后，也领兵直奔关中而来。

针对已有些作为的刘邦势力，项羽的谋士范增劝项羽趁机除掉刘邦这个对手。项羽准备在自己的鸿门大帐设宴，请刘邦赴宴并趁机击杀他。结果刘邦躲过此劫，全身而退。

公元前208年春，项羽自立为西楚霸王，定都彭城，同时分封18诸侯，封刘邦为汉王，领巴蜀及汉中地。刘邦想率兵攻击项羽，后经张良一再劝阻，这才决定暂且隐忍不发。当年4月，刘邦领兵入汉中，并烧毁栈道，表示无意出兵，以麻痹项羽。

公元前208年11月，刘邦挥军东出，拜韩信为大将，明修栈道，暗度陈仓，派人联络诸侯，公开声讨项羽，拉开了楚汉战争的序幕。

公元前205年5月，刘邦乘项羽在齐国停留的机会，率领诸侯联军一举攻占彭城。

同年冬天，项羽发动反攻，围困荥阳，形势十分危急。刘邦用陈平反间计，使项羽怀疑范增，不用其谋，迫使范增怒而归乡。

公元前204年11月，刘邦用计再次收复成皋，斩杀了项羽大将曹咎。项羽在击败彭越后，寻汉军主力决战不成，屯兵广武与刘邦形成对峙。

不久，韩信完成对楚侧翼的战略迂回，又派一支军队直奔彭城。项羽腹背受

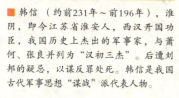

■ 韩信（约前231年~前196年），淮阴，即今江苏省淮安人，西汉开国功臣，我国历史上杰出的军事家，与萧何、张良并列为"汉初三杰"。后遭刘邦的疑忌，以谋反罪处死。韩信是我国古代军事思想"谋战"派代表人物。

■ 楚汉战争蜡像

长安 西安古称，从西周到唐代先后有21个王朝及政权建都于长安，总计建都时间超过1200年。是我国乃至世界历史上一座著名都城。列我国四大古都之首，是中华文明的发祥地、中华民族的摇篮、中华文化的杰出代表。

敌，兵疲粮尽，遂与汉订盟，以鸿沟为界，中分天下，东归楚，西归汉。

公元前202年1月，刘邦、韩信等各路汉军约计70万人，与久战疲劳的10万楚军在垓下展开决战。

垓下之战使楚军大败，项羽带2万伤兵退入壁垒坚守。汉军将楚军重重包围，韩信命汉军士卒夜唱楚歌，致使楚军士卒思乡厌战，军心瓦解。项羽带领身边仅剩的28骑突围至乌江，与汉军大战，最后全军覆没。项羽不愿被俘受辱，于是在乌江自刎而死。

公元前202年2月28日，刘邦在山东定陶氾水之阳举行登基大典，定国号为汉。后来，刘邦听取张良等人的建议，将都城迁到了长安。

刘邦虽然做了皇帝，但他也没有敢对自己的皇位掉以轻心。在享受的同时，他也采取措施对皇权进行了巩固。

在政治上，刘邦接承秦朝的中央集权制和郡县制，同时废除了秦朝的苛刻法律。他命萧何参照秦朝法律制订汉律，又重用叔孙通整理朝纲。这些措施，对汉朝的建立和巩固起了重要作用。

在经济上，刘邦废除秦朝苛法、豁免其徭役减轻人民的负担，如减轻田租，什五税一等。大力发展农业，抑制打击唯利是图的商人及残余的奴隶主阶级。同时鼓励生育，增加劳动力。这些措施，使百姓得以生息，国家得以巩固。

在文化事业方面，刘邦建立规模宏大的"国家图书馆"天禄阁、石渠阁等。命萧何、韩信等人申军法，定章程，制礼仪，造《新语》，又与功臣剖符作誓，丹书铁契，金匮石室，藏之宗庙。

公元前195年6月1日，刘邦去世，享年62岁。葬于长陵。刘邦使四分五裂的中国真正地统一起来，而且还逐渐把分崩离析的民心凝集起来。他对汉民族的形成、中国的统一强大，汉文化的保护发扬有决定性的贡献。开创与奠定与奠定了以后"文景之治"、汉武盛世的坚实基础。

阅读链接

据《史记·高祖本纪》记载：

刘邦在做亭长往骊山押送劳工时，在路上将劳工放走。

夜中，刘邦醉酒前行，忽然有人报说，前面有一条大蛇阻挡在路上。酒意蒙眬的刘邦的似乎什么也不怕，挥剑斩了挡路的蛇。走了数里路，刘邦困了，倒头就睡。

有一老妇人在蛇被杀死的地方哭，原来老妇的儿子，就是化成为蛇的白帝之子，因挡在路上被赤帝之子所斩。刘邦得知此事暗自高兴。而那些追随他的人也渐渐地畏惧他了。

汉景帝刘启

刘启（前188年~前141年），汉文帝刘恒的长子。西汉第六位皇帝，谥"孝景皇帝"。他在位期间，削诸侯封地，平定七国之乱，维护国家统一，促进中央集权，巩固了我国自秦始皇平定六国后所逐渐形成的统一的多民族国家局面，奠定了和平繁荣的社会基础。

他还继承和发展了其父汉文帝的事业，勤俭治国，发展生产，与父亲一起开创了"文景之治"；又为儿子刘彻的"汉武盛世"奠定了基础，完成了从文帝到汉武帝的过渡。

■ 汉景帝刘启画像

公元前157年，汉文帝崩，皇太子刘启即位，这就是汉景帝。但在即位不久，就爆发了以吴王刘濞为首的7个诸侯的叛乱，史称"吴楚之乱"，或"七国之乱"。

汉景帝刘启面临着一次重大考验。刘濞是刘邦的侄子，曾被刘邦立为吴王。此后吴王刘濞开设铜矿，铸"半两"钱，煮海盐，设官市，免赋税，于是吴国经济迅速发展，他的政治野心也逐渐膨胀。

刘启即位后不久，刘濞诛杀了汉景帝为"削藩"派下来的官员。随即率20万大军西渡淮水，联合楚军，杀汉军数万人，颇见军威。然而，刘濞的叛乱在汉景帝的迎击下，联军很快瓦解，最后彻底失败。

汉景帝平定吴楚之乱后，迅速抓住这一有利时机，大刀阔斧实施改革。

在加强中央集权方面，汉景帝采取3项措施：

◼ 汉景帝平定吴楚之乱

刘濞 （前215年～前154年），是刘邦的侄子。曾封为吴王。他在封地沛县扩张势力。后来汉景帝采御史大夫晁错建议，削夺了王国封地，刘濞以诛晁错为名，联合楚、赵等七国公开叛乱，史称"七国之乱"，后被汉将周亚夫击败，刘濞被杀。

一是调整诸侯王国的设置。汉景帝对参加叛乱的七国，除保存楚国另立楚王外，其余六国皆被废掉。

二是继续大力推行削藩。汉景帝把诸侯王国领郡由高祖时的42郡减为26郡，而中央直辖郡由高祖时的15郡增加至44郡，使汉郡总数大大超过诸侯王国郡数。这一变化，对于国家统一，加强中央集权，意义十分重大。

三是抑贬诸侯王的地位。汉景帝剥夺和削弱诸侯国的权力，收回王国的官吏任免权，并且收夺盐铁铜等利源及有关租税。此后，诸侯王已经不再具有同中央政府对抗的物质条件。

汉景帝经过改革，汉初推行的诸侯王国制，至此发生了明显的变化，诸侯王在名义上是封君，实际上"唯得衣食租税"而已，但诸侯王势力并未彻底剪除，以致后来汉武帝不得不继续采取相应的措施。

在军事上，汉景帝为了有效遏制匈奴的进犯，维护国家安全，采取了如下方针和措施：

一是张弛有度，也战也和。汉景帝时期，强大的匈奴骑兵南下进击汉地，到处烧杀抢掠，严重威胁西汉王朝统治。而此时汉朝社会经济有了恢复和发展，但是要战胜匈奴，条件仍不成熟。

在这种情况下，汉景帝

李广（？～前119年），陇西成纪，即今甘肃省天水市人，我国西汉时期的名将。从汉文帝时起，先后任中郎、北部边城七郡太守、骁骑将军等职。匈奴畏服，称之为"飞将军"，数年不敢来犯。后在漠北之战中，因迷失道路，未能参战，愤愧自杀。

文韬武略

杰出帝王与励精图治

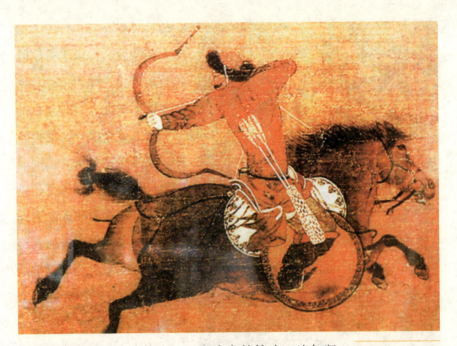

古匈奴骑兵图

采取有战有和，和多战少，以和为主的策略。比如坚持和亲，在一定程度上缓和了军事冲突，为经济发展赢得了时间，为以后汉武帝反击匈奴做了准备。

但也不失时机地反击匈奴，在战斗中涌现了李广等一批卓越的将领。匈奴人一听李广的名字，就感到害怕，以致他们称李广为"飞将军"。

二是鼓励养马，强化马政。汉景帝下令扩大设在西边、北边的马苑，而且鼓励各郡国及民间饲养马匹。由于汉景帝时期养马业的大发展，军马生产颇具规模，属于官府的马匹发展到了40万匹，民间的尚且未计。

三是兵农混一，屯垦戍边。汉景帝将大批徙民充实于边地，使之成为一支兵农混一的垦戍队伍。戍边措施不但减轻了内地百姓的徭役，而且争取到一个安

匈奴 我国古籍中所讲述的匈奴是在汉朝时称雄中原以北的一个强大的游牧民族，公元前215年被逐出黄河河套地区，历经东汉时分裂，南匈奴进入中原内附，北匈奴从漠北西迁，中间经历了约300年。

定的社会环境。

在政治上，汉景帝继续执行黄老无为政治，具体体现在以下方面：

一是重农抑商，促进生产。汉景帝推行重农抑商的国策，多次下令郡国官员以劝勉农桑为首要政务。允许居住在土壤贫瘠地方的农民迁徙到土地肥沃、水源丰富的地方从事垦殖，并租田给无地少地的农民。

同时，还多次颁诏，以法律手段，打击那些擅用民力的官吏，从而保证了正常的农业生产。汉景帝曾两次下令禁止用谷物酿酒，还禁止内郡以粟喂马。

二是轻徭薄赋，约法省禁。汉景帝时期，对农民的赋役剥削和法律压迫，较以前有所减轻。所谓约法省禁，就是法令要西汉帛书简约，刑网要宽疏。

汉景帝在即位伊始就颁布了诏令，收取文帝时十五税一之半，即三十税一。从此，这一新的田租税率成为西汉定制。

在降低田租的第二年，汉景帝又下令推迟男子开始服徭役的年龄三年，缩短服役的时间。这一规定一直沿用至西汉昭帝时代。此外，汉景帝在法律上实行

▣ 汉景帝画像

阳陵 汉景帝刘启及其皇后王氏同茔异穴的合葬陵园。位于今陕西省咸阳市渭城区正阳镇张家湾后沟村北咸阳原上。自景帝始修陵墓到王皇后入葬，阳陵修筑达28年。后来绿林军攻入长安，杀王莽后挖掘西汉诸帝陵墓，阳陵就在此时被盗。

轻刑慎罚的政策，强调用法谨慎，增强司法过程中的公平，还对特殊罪犯给予某些照顾。

三是发展教育，打击豪强。汉景帝时期，由于社会经济的恢复及发展已达到相当的程度，所以统治阶级上自汉景帝，下至郡县官都逐渐重视文教事业的发展。首创了郡国官学，对文化的传播起了重要作用。

汉景帝一面弘扬文教礼仪，一面又打击豪强。为了保证上令下达，汉景帝果断地采取了多项措施。比如在修建阳陵时，效法汉高祖迁徙豪强以实关中的做法，把部分豪强迁至阳陵邑，使他们宗族亲党相互分离，削弱他们的势力，以达到强干弱枝的目的。

再如任用酷吏镇压那些横行郡国、作奸犯科者，收到了杀一儆百的功效，使那些不法豪强、官僚、外戚等人十分恐慌，其不法行为大大收敛，这便局部地调整了阶级关系，有利于社会的发展。

官学 我国封建朝廷直接举办和管辖，以及历代官府按照行政区划在地方所办的学校系统。包括中央官学和地方官学，共同构成了我国古代最主要的官学教育制度。汉景帝时期的郡国官学，属于地方官学。

■ 汉代陶俑

汉景帝刘启墓

　　由于推行了上述措施，进一步促进了社会经济的稳定和发展。人口翻番，国内殷富，府库充实。据说，汉景帝统治后期，国库里的钱堆积如山，串钱的绳子都烂断了；粮仓满了，粮食堆在露天，有的霉腐了。

　　公元前141年初，汉景帝患病，病势越来越重。不久，汉景帝病死于长安未央宫，享年48岁。葬于阳陵。

阅读链接

　　汉景帝从登基那天起就无时无刻不在考虑身后的储位问题，他一共生了14个儿子，却没有一个嫡出。

　　原来景帝的正妻薄皇后是祖母包办的，始终未生一男半女，于是便引起了对储位激烈的明争暗斗。最后，景帝立第二任皇后王娡之子刘彻为太子。

　　汉景帝得病后，自知不久于人世，就在病中为太子刘彻主持加冠，临终前对刘彻说："一个人不但要知人、知己，还要知机、知止。"汉景帝似乎已经感觉到刘彻有许多异于自己的品质，把天下交给他是放心的，但仍不免多加嘱咐。

汉武帝刘彻（一）

　　刘彻（前156年~前87年），幼名刘彘。汉景帝刘启的第十个儿子。汉朝第五代皇帝，谥号"孝武皇帝"，庙号世宗。我国历史上著名的政治家、战略家。

　　他凭借雄才大略、文治武功，使汉朝成为当时世界上最强大的国家，赢得了一个国家前所未有的尊严。

　　公元前140年，16岁的刘彻登基为帝，这就是汉武帝。由于此前汉景帝实施的一系列休养生息政策，西汉王朝国力蒸蒸日上，出现了"文景之治"的大好局面。

■ 汉武帝刘彻画像

牛郎织女男耕女织

汉武帝在登基之初，继续父亲生前推行的养生息民政策，采取政治策略，努力开疆拓土，进行文化建设。

为了加强中央集权，汉武帝接受主父偃的建议，允许诸王将自己的土地分给子弟，建立较小的诸侯国，即"推恩令"。这样，就使原来独立的地方王国自动地将权力上交给了国家。

此后，地方的王与侯仅仅享受物质上的特权，即享用自己封地的租税，没有了以前的政治特权。他还一次性削去了当时一半的侯国，从而奠定了大一统的政治格局。

汉武帝为了打通和加强同西域的贸易往来，他任命张骞为中郎将，率领300多随员，携带大批金币丝帛以及牛羊向西域进发，到达乌孙。张骞回来后，乌孙派使者几十人随同张骞一起到了长安。此后，汉武帝又派出使者联通西域。"丝绸之路"的开通，开辟了连接东到长安，西到罗马帝国，最远至埃及亚历山大的贸易通道。

汉武帝听取董仲舒的建议，"罢黜百家，表彰六经"，即把儒家学说作为封建正统思想，持法家，道家等各家学说的读书人，均受排斥。汉武帝还大力推行儒学教育，在长安举办太学，创建乡学，设立举贤制度，形成了我国独特的文官制度。

为贯彻自己的命令，汉武帝设立中朝，削弱丞相的权力，让众多的儒生代替元老们掌握国家政权。为了进一步加强君主权力，汉武帝用派御史的方式，对地方的豪强、官吏进行监督。他将全国分成了13个监察区，每个区叫做部，每部派出一名刺史，中央的刺史叫作司隶校尉，其他12个州都叫刺史。

文韬武略

杰出帝王与励精图治

（下） 肖东发 主编 李正平 编著

中国出版集团

现代出版社

汉武帝刘彻（二）

公元前 127 年，匈奴贵族以 2 万骑入侵上谷和渔阳。汉武帝派青年将领卫青率 3 万骑出云中，西至陇西，收复河套地区，扫除匈奴进犯的军事据点。

卫青采取迂回进攻的方法，从后路包抄，一举赶走匈奴的楼烦王和白羊王，解除了长安的威胁。

公元前 124 年，卫青率骑兵赶走了匈奴的右贤王，生擒匈奴王子 10 余人凯旋。汉武帝破格提升卫青为大将军，成为全军的统帅。

张骞授命去西域图

卫氏朝鲜 朝鲜半岛历史中最早得到考古及文献证明的国家。卫满即位后，积极建立国家，并输入了中原文化，使国家越来越强盛。汉武帝有感卫氏朝鲜对汉朝的威胁越来越大，决定在公元前109年起兵远征朝鲜半岛，第二年即将其消灭。

第二年，在和匈奴的战斗中又涌现出一位18岁的将领霍去病。他是卫青的外甥。

公元前121年，汉武帝派霍去病出陇西，越过焉支山西进，入匈奴境千余里，和匈奴军短兵肉搏，大获全胜。公元前119年，汉武帝派卫青、霍去病率几十万兵，在漠北共击匈奴首领单于。

汉武帝取得抗击匈奴的胜利，使国家更加统一，长城内外尽在掌控之内，为经济文化的发展创造了极为有利的条件。

汉武帝还通过远征大宛、击败姑师、攻破楼兰、征战龟兹和莎车等战役，开拓了西域疆土，进一步恢复和加强了西汉在西域的统治。

汉武帝还派兵消灭了盘踞在朝鲜半岛北部卫氏朝鲜政权，在那里划分地方行政区域，设置了乐浪郡、玄菟郡、真番郡、临屯郡，史称"汉四郡"。四郡的设置，说明将朝鲜半岛北部纳入汉帝国的统治范围。

汉武帝还统一了闽越和西南各部。从公元前135

■ 霍去病石雕塑像

年至公元前111年，汉武帝先后攻克南越、闽越、东越等地，基本上将西南地区纳入其统治范围。

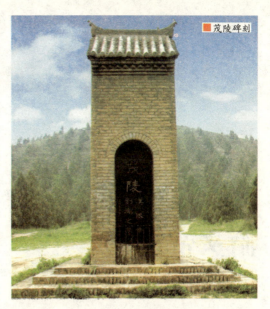

汉武帝不仅是一位政治家，军事家，也是一位爱好文学、提倡辞赋的诗人。他能诗善赋，不遗余力地开展文化建设。他下令在全国范围内征集图书，广开献书之路。又建藏书之所，置写书之官，各类图书，皆在数十年间广充秘府，史称"书积如丘山"。

晚年的汉武帝穷兵黩武，后来以实际行动自责悔过，下罪己诏，将注意力转向"富民"。

公元前87年，汉武帝驾崩于五柞宫。葬于茂陵。

阅读链接

公元前89年，汉武帝向天下人昭告：自己给百姓造成了痛苦，从此不再穷兵黩武、劳民伤财。甚至表白内心悔意。这就是《轮台罪己诏》。这份诏书，是我国历史上第一份帝王"罪己诏"。

所谓"罪己诏"，是古代的帝王在朝廷出现问题、国家遭受天灾、政权处于安危时，自省或检讨自己过失、过错发生的一种口谕或文书。汉武帝的罪己诏旨在罪责自己即位后穷兵黩武的错误。在当时，他驳回大臣屯田轮台的奏请，痛下诏书，以明心迹。

隋文帝杨坚

　　杨坚（541年～604年），鲜卑赐姓是普六茹，小名那罗延。隋朝开国皇帝，谥号"文皇帝"，庙号高祖，尊号"圣人可汗"。他在位期间成功地统一了严重分裂数百年的中国，建立隋朝，开创先进的选官制度，社会各方面都获得发展，形成了辉煌的"开皇之治"，使中国成为盛世之国。

　　他首次实行了一直沿袭到清朝的三省六部制；他开创了科举；他制定了当时最为先进并影响后世基本立法的律法《开皇律》。

　　隋文帝时期也是人类历史上农耕文明的巅峰时期。

　　隋文帝杨坚是西方人眼中最伟大的中国皇帝之一。

■ 隋文帝画像

581年初，以丞相身份控制了北周朝政的杨坚，接受北周静帝宇文阐的禅让即皇帝位，这就是隋文帝。他定国号为大隋，改元开皇。

为了巩固政权，隋文帝在即位之初，就开始了北击突厥的计划。

突厥后来成为北方唯一的强大国家。北周曾每年给突厥的沙钵略送礼物，沙钵略更加骄横。

隋文帝即位，不再给突厥礼物，沙钵略怨恨，起兵大肆侵扰。隋文帝的谋士长孙晟认为，应该用远交近攻、离间强部、扶助弱部的方法。

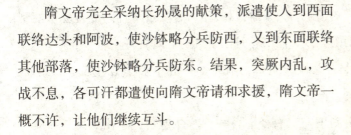

■ 突厥武士画像

隋文帝完全采纳长孙晟的献策，派遣使人到西面联络达头和阿波，使沙钵略分兵防西，又到东面联络其他部落，使沙钵略分兵防东。结果，突厥内乱，攻战不息，各可汗都遣使向隋文帝请和求援，隋文帝一概不许，让他们继续互斗。

最后，突厥各部或臣服或被灭，取得边境安宁。

隋文帝的北击突厥，打击了外来势力的嚣张气焰，同时稳定了东亚局势。为隋朝发展乃至中国后世安稳发展奠定了牢固基础。

隋文帝在北击突厥的同时，于587年征战后梁皇

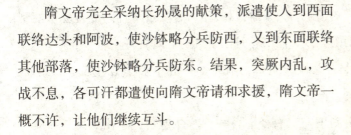

北周 南北朝时期的北朝之一。由西魏权臣宇文泰奠定国基，由其子宇文觉正式建立。历5帝，共24年。556年宇文泰死后，长子宇文觉继任大冢宰，自称周公。次年初，他废西魏恭帝自立，国号周，都长安，史称北周。

■ 杨广（569年~618年），一名英，小字阿麽。华阴，即今陕西省华阴县人，生于长安。隋文帝杨坚、独孤皇后的次子。604年继位。他在位期间，因为滥用民力，造成天下大乱直接导致了隋朝的灭亡，后在江都被部下缢杀。

帝萧琮，最后灭掉梁国。

588年秋，隋文帝在寿春设淮南行台省，以次子杨广为尚书令，全面负责灭陈的战役。

第二年年初，隋军顺利南下渡过长江，很快攻下建康。长江上游的陈军知大势已去，也都解甲投降。

至此，陈朝灭亡。

隋文帝在统一全国后，为了长治久安，立刻进行了一系列的政治和经济改革。

一是确立三省六部制。中央设尚书、门下、内史三省，以尚书令、纳言、内史令为长官，行使宰相职能，辅助皇帝处理全国事务。内史省负责起草并宣行皇帝的制诏；门下省负责审查内史省起草的制诏和尚书省拟制的奏抄；尚书省是国家最高行政机关。

在三省之下，又设置吏部、礼部、兵部、都官、度支、工部六部。每部设尚书为长官。

尚书令下有尚书左、右仆射各一，左仆射判吏、礼、兵三部事，右仆射判度支、都官、工部三部事。尚书令与左、右仆射及六部尚书合称"八座"。583年，改度支为民部；都官为刑部。

二是简化地方官制。隋文帝在确立了三省六部制的中央机构后，又对地方机构进行了改革。沿北齐、北周制设州、郡、县三级地方机构。后废郡，改为州、县二级制。州设刺史，县设县令。

三是修订"开皇律"。隋文帝对前代81条死罪、105条流罪、1000余条酷刑以及灭族等都一概废止。同时，又减轻了许多法律的内容，对犯人处置采取审慎态度，而不是草菅人命，有效地防止了冤案的发生。

四是颁布均田令。隋文帝在北齐、北周均田制的基础上，颁布均田令。均田令规定：丁男、中男受露田80亩，永业田20亩，妇女受露田40亩。奴婢5人者给一亩。永远耕种，不需归还，可以在受田者死后归还。对一般农民，采取轻徭薄赋鼓励农桑的政策，对于豪强贵族兼并土地的行为则给予打击，以保证农民的正常生产。

■义仓内部结构图

■隋文帝杨坚石刻像

五是设置粮仓。隋文帝时所设的粮仓分两种，即官仓和义仓。官仓的粮储，用以供养军公人员。设置官仓的目的，即是在增加关东漕运的效率。也就是把原来关东各州对京师个别直接的输粮办法，改为集中和分段运输的办法。

据唐人的估计，至隋文帝临终时，天下仓库的积储可供全国五六十年正常使用。这对人民的生

太陵 就是杨坚与独孤皇后的合葬墓。它位于今陕西省的咸阳市。从残存的陵园基址看，总面积达49万余平方米，四周还保存有阙楼的基址。泰陵在我国陵寝史上具有承前启后的地位。

活来说，自是一项有力的保障。

六是改革货币。隋文帝统一了币制，废除其他比较混乱的古币以及私人铸造的钱币，改铸五铢钱，世称"隋五铢"。除此之外，度量衡也在隋文帝时重新统一。

七是建大兴城。隋朝开国之初，都城仍在长安旧城，因久经战乱，残破不堪，不能适应新建的统一国家都城的需要。隋文帝放弃龙首原以北的故长安城，于龙首原以南汉长安城东南选择新址。

582年初，命宇文恺负责设计建造大兴城，翌年3月竣工。大兴城的设计和布局思想，对后世都市建设及日本、朝鲜都市建设都有深刻的影响。

八是开凿广通渠。隋文帝于584年命宇文恺率众开漕渠。自大兴城西北引渭水，循汉代漕渠故道而

■ 隋文帝杨坚泰陵

■ 大兴城古城楼遗址

东，至潼关入黄河，全长有150多千米，名广通渠。这是修建大运河的开始。

604年，隋文帝因无精力处理朝政，不得不把大权移交给皇太子杨广。这年4月，文帝在大宝殿去世。葬于太陵。

阅读链接

隋文帝杨坚倡导节俭。他小时候生长于寺庙之中，素衣素食，生活节俭，这使他养成了崇尚节俭的性格。他虽贵为天子，但却食不重肉，不用金玉饰品，宫中的妃妾不作美饰，很是节俭。

他深知节俭的重要性，教育太子要节俭，说国家没有因为奢侈腐化而能长治久安的。他还提倡官员也要节俭。隋文帝因为节俭，剥削较少，民众能够安居乐业，户口和财产剧增；加之其他一些促进生产的措施，在很短的时间内，百业兴旺，经济繁荣。

唐高祖李渊

　　李渊（566年～635年），字叔德。唐朝开国皇帝，谥号"太武皇帝"，庙号高祖。唐高宗时加谥"神尧大圣皇帝"，唐玄宗时加谥"神尧大圣大光孝皇帝"。

　　李渊是唐朝开国创业的军事统帅，深谋多算，善于决断，既富远见，又善施行的政治家和军事家。他有着因势借力、先取关中、后图天下的兴兵起事思想；军政兼施、各个歼灭群雄、统一全国的战略指导思想；正确料敌、集智用长、先胜后战的作战指导思想；因势定制、用人所长的建军思想。他奠定了彪炳千秋的290余年的盛唐霸业，并因之得到了后人的褒扬。

■唐高祖李渊画像

李渊出生在关陇贵族家庭，7岁时就被当时的北周朝廷袭封唐国公。隋文帝杨坚建立隋朝后，李渊跟随杨坚，成为隋朝的重臣。

但他受到后来皇帝隋炀帝的猜忌，便暗中发展自己的势力。617年，李渊在儿子李建成和李世民等人的支持下，在晋阳即今太原公开打出了反隋的旗号。

李渊自晋阳起兵后，以四子李元吉留守晋阳，以长子李建成和次子李世民分率左、右三军，出兵关中，攻取长安。途中击败了隋军的连续阻击，直逼河东，进而对长安形成包围之势。不久，隋都长安被李渊攻陷。

618年，李渊在长安称帝，建立唐朝。

李渊称帝后，许多隋将割据称雄，农民起义军也称霸一方，全国处在四分五裂状态。于是，李渊开始了统一全国的战争。

李渊首先消灭的是对关中构成威胁的薛举、薛仁杲父子，将陇西并入唐朝境内。随后，他派人卧底擒杀凉王李轨，将河西五郡并入唐朝境内。

这时对李渊统治的核心地区构成威胁的，就只剩

李建成（589年~626年），唐高祖李渊长子。对唐朝的建立颇有贡献，曾统兵平定河北的刘黑闼。后在"玄武门之变"中被其弟李世民射死。李世民继位后，追封李建成为息王，谥"隐"。贞观十六年五月，又追赠"隐太子"。

李轨（？~619年），字处则，甘肃武威人。河西著名豪望，为人机智多谋，能言善辩，又能赈济贫穷，被乡里称道。隋大业末年被任为武威郡鹰扬府司马。隋唐年代甘肃河西地区割据者，曾称帝，后兵败于唐朝。

■ 西安古城墙

李元吉（603年~626年），名劼，小字三胡。唐高祖李渊第四子，窦皇后所生。高祖起兵时，留守太原。唐朝建立后，封为齐王。后与长兄建成合谋杀李世民。李世民发动"玄武门之变"，与太子李建成同时遇害，终年24岁。

下刘武周的割据政权了。刘武周于619年勾结突厥，南侵并州，唐并州总管、齐王李元吉抵挡不住，太原危急。

接着，刘武周攻陷平遥、介州，李渊派裴寂抵御，结果大败，几乎全军覆没。刘武周乘胜进逼太原，李元吉弃太原逃归长安。

在这紧要关头，李世民请求率军讨伐刘武周，在龙门将刘武周击溃，部将尉迟敬德投降。刘武周后被突厥杀死，并州归入唐朝的版图。

620年夏，李渊派李世民率军攻打洛阳。窦建德出于自保，引兵10万人进军成皋。李世民率军阻击，俘虏窦建德。王世充见大势已去，于是投降。河北诸县也相继归唐朝。李渊的势力基本上控制了黄河流域。此外，李渊还派兵收服了占据长江中游地区的地方势力，长江中下游地区为唐所有。

■ 唐朝骑马击鞠图

李渊兼并了割地称雄的地主武装后，便把矛头指向窦建德旧部刘黑闼的部队，最后控制了河北、山东地区。随后，李渊的大军又直指江淮，将江南、淮南纳入唐朝版图。至此，李渊父子基本上统一了全国。

李渊称帝后，一边进行统一战争，一边加强政权建设。唐朝前期的政治、经济、军事制度，在李渊时期基本上初具规模。

在军事制度方面，李渊在均田制之上实行了府兵制。这是一种兵农合一的制度，即兵士平时在家生产，农闲时由兵府加以训练，若遇到战争发生，则出征打仗。

唐高祖李渊画像

在官僚制度上，李渊继续实行隋朝的三省六部制，但对各自的职责有了更明确的划分。

在法律上，李渊废弃了隋炀帝的许多苛政，修订了唐朝法律。

在科举方面，李渊继承了隋朝的科举制并在其基础上加以完备，但同时也恢复了隋朝废除的中正官，以本州高门士人充任，不过大都只是名誉职务，用人权仍在吏部，而吏部用人的主要途径还是科举。

在农业方面，李渊颁布均田制，将田地平等地分配给农民，并对绢税做了调节，减轻了受田农民的负担。李渊的这些措施，为后来唐太宗李世民时期的"贞观之治"打下了坚实的基础。

然而，李渊因统一了全国而产生了骄傲自满的情绪，也不再关心政事，整天与嫔妃在后宫玩乐。

■陕西三原唐献陵

　　此时，以李世民为首的"军功党"和以李建成为首的"太子党"为争夺皇位继承权明争暗斗，展开了你死我活的斗争。

　　626年夏，李世民率心腹尉迟敬德等人在玄武门杀掉李建成和李元吉，史称"玄武门之变"。尉迟敬德将李建成和李元吉被杀死的消息告诉李渊，李渊听后惊得目瞪口呆。

　　随后，在大臣的建议下，李渊将大权完全交给了李世民，并立李世民为太子。两个月后，李渊不得不退位，开始了太上皇的生活。

　　635年，李渊因病去世。葬在献陵。

阅读链接

　　唐高祖李渊的妻子窦氏，是北周定州总管窦毅的女儿。窦氏不仅拥有绝世的容貌，还曾因劝谏周汉武帝亲近和亲的柔然公主而得到周汉武帝称赞。

　　窦氏长大后，窦毅不愿将女儿妄以许人，就设雀屏选婿，李渊以箭射中屏风上两只孔雀的眼睛而入选，这就是成语"雀屏中选"的由来。李建成、李世民、李玄霸、李元吉、平阳公主都是她的亲生子女。

　　窦氏在李渊反隋之前就去世了，李渊之后不曾再立皇后。唐朝建立后，窦氏追封为皇后，谥号"太穆顺圣皇后"。

唐太宗李世民

李世民（599年～649年），陇西成纪人。唐朝第二位皇帝，谥号"文武大圣大广孝皇帝"，尊号"天可汗"，庙号太宗。杰出的军事家、政治家、战略家，书法家和诗人。

李世民开创了我国历史著名的"贞观之治"，使社会出现了国泰民安的局面，将我国传统农业社会推向兴盛，为后来全盛时期的开元盛世奠定了坚实基础。

李世民在父亲举兵建立唐朝过程中，凭借卓越的军事才能，为大唐盛世的建立和发展作出了巨大贡献。

■ 唐太宗李世民画像

■ 李世民塑像

626年7月，李世民被李渊立为皇太子。两个月后，李渊退位做太上皇，李世民登基。这就是唐太宗。

唐太宗即位之时，即着手整顿父亲在位时的宰相班子，以知人善任的原则，逐步建立起了以自己为核心的最高决策集团。随后，又对中央机构进行了一系列的改革，改造了三省六部制。

通过对领导班子的改革，唐太宗不仅牢牢地巩固了自己的地位，而且也为进一步励精图治、开创"贞观之治"的新局面奠定了基础。

唐太宗有一句话叫"内举不避亲，外举不避仇"，可以说是对他用人方针的生动概括。由于采取了求贤纳才、知人善任的用人政策，使得唐太宗统治时期人才济济，群贤荟萃。

643年，唐太宗曾将其中的24位佼佼者画在凌烟阁内，史称"凌烟阁二十四功臣"，长孙无忌、房玄龄、杜如晦和魏征等位列其中。这些谋臣猛将、文人学士都为唐太宗大治天下的政策出谋划策，谏言建议，为后人所称颂的"贞观之治"贡献了自己的才干和智勇。

在大力选拔人才的同时，唐太宗还进行了法制的改革和建设。他将赏功罚过作为法制改革的标准，任命房玄龄、长孙无忌在参考《武德律》的基础上制订了封建社会最完备的法典《贞观律》。

《唐律疏议》

后来长孙无忌又在唐太宗的支持下，组织了19名法学专家为《唐律》作注释，完成了《唐律疏议》。五代以后的各朝法律大都以此作为蓝本相应增删。

唐太宗又亲自选拔一批正直无私、断狱公平的人担任法官，并亲自检查法官对案件的处理情况，以保证律、令、格、式的贯彻执行。

唐太宗还特别重视农业生产和农民生活。积极地推行轻徭薄赋，与民休养生息的政策，使农民得以逐步恢复生产，重建家园。

他全面推行、推广均田制，招抚失去土地逃亡的农民，给他们土地，鼓励他们从事农业生产。为解决耕地不足的问题，他一再缩减苑囿占地面积，以增加农民耕地。

古代农田水利场景

■ 唐代士兵俑

李靖 （571年~ 649年），字药师，汉族，隋末唐初将领，是唐朝文武兼备的著名军事家。后封卫国公，世称李卫公。才兼文武，出将入相，为唐朝的统一与巩固立下了赫赫战功。

他还下令减免租赋，同时大力倡导兴修水利，以增强抵抗自然灾害的能力。此外，为了增加人口，他下令将男女结婚的年龄提前，这就迅速增加了全国户数，为农业生产提供了大量的劳动力。

随着国内政治经济形势迅速好转，国力逐渐增强，唐太宗为建立强盛的多民族的大唐帝国，开始了统一边疆地区的战争。

唐太宗首先征服的是当时对唐朝威胁最大的东突厥。唐太宗扶持东突厥颉利可汗的反对势力，牵制颉利可汗。同时，又利用东突厥贵族的内部矛盾，拉拢和颉利可汗有矛盾的突利可汗，使之为唐太宗提供有利战机。

629年，唐将李靖夜袭阴山，大败东突厥，俘虏颉利可汗，灭掉东突厥。当地各少数民族势力纷纷归附，从而统一了北方边境。

唐太宗又相继派兵收复了吐谷浑、高昌、焉耆、龟兹等地区，并在龟兹设立了安西都护府，重新恢复了对西域地区的统治。

唐朝的西部和北部边境重新得到了巩固和扩大，也使闻名于世的丝绸之路恢复畅通，加强了中原地区与西域和中亚地区的经济文化交流。唐太宗还通过和亲政策，加强少数民族同唐朝的联系和团结。

640年，文成公主入藏，将农耕、纺织、建筑、造纸、制笔、酿酒、冶金以及农具制造等技术带入西藏，对西藏的政治、经济、文化的发展，起了极大的促进作用，同时也加强了西藏与唐朝的联系。

唐朝和世界其他国家的政治、经济和文化交往也越来越频繁。亚洲、非洲地区许多国家不断有人来唐

安西都护府 从640年至808年止，共存在约170年。管辖包括今新疆、哈萨克斯坦东部和东南部、吉尔吉斯斯坦全部、塔吉克斯坦东部、阿富汗大部、伊朗东北部、土库曼斯坦东半部、乌兹别克斯坦大部等地。加强了对北方和西北边疆的管理。

■ 文成公主入葬图

朝访问，当时的长安是世界上最大的城市之一。那时和唐朝交往的国家达到70多个。

唐玄宗时的高僧玄奘到天竺带回了大量的佛教经典，并将其译成汉文，玄奘取经的故事后来还成为《西游记》的素材。其他宗教如景教、回教、摩尼教等也在此时传入我国。

唐太宗不仅是一位杰出的军事家和政治家，而且还是一位多才多艺的君主，是个诗人、文学家和书法家。他所写的诗文，被编入《全唐文》和《全唐诗》的就有文7卷、赋5篇、诗1卷69首。

唐太宗非常喜欢晋代著名书法家王羲之的书法，最为擅长的是飞白书法。唐太宗还十分重视对书法的钻研，他写的《笔法论》、《指法论》、《笔意论》等，对书法也有指导作用。

不可否认，唐太宗是我国历史上众多皇帝中少有的明君。但在贞观后期，他滋长了骄傲和自满情绪，思想和行为逐渐发生了变化。到了晚年，他乞求长生不老，迷恋方士炼制的金石丹药。结果因服食金石丹药过多，中毒暴亡，享年52岁。葬于唐昭陵。

文韬武略 杰出帝王与励精图治

阅读链接

有一次，唐太宗听信谣言，批评魏征包庇自己的亲戚，经魏征辩解，唐太宗知道自己错了。

魏征趁机进言道："我希望陛下让我成为一个良臣，不要让我做一个忠臣。"

唐太宗惊讶地问："难道良臣和忠臣有区别吗？"

魏征说："有很大区别。良臣拥有美名，君主也得到好名声，子孙相传，千古流芳；忠臣得罪被杀，君主得到的是一个昏庸的恶名，国破家亡，忠臣得到的只是一个空名。"

唐太宗听后，十分感动，他连声赞美，并赐给他绢500匹。

大圣皇后武则天

  武则天（624年~705年），女，字"曌"。并州文水人。唐朝开国功臣武士彠次女。武则天对我国历史作出过巨大贡献：主要是打击保守的门阀世族，促进经济的发展，稳定边疆形势，推动文化的大发展等，奠定了社会繁荣发展的大好局面。

  她是我国历史上唯一正统的女皇帝，谥号"则天大圣皇后"。

  后世所称"则天武后"或"武则天"即是由此谥号而来。政治家和诗人。武则天当政时期，被史界称之为"贞观遗风"。

■ 大圣皇后武则天画像

■ 唐高宗李治画像

武则天出身于山西文水的一个木材商家庭，她的父亲曾因帮助唐高祖李渊夺取天下有功，后被封为工部尚书、荆州都督等官职。武则天在12岁那年父亲去世，就和母亲杨氏在一起生活。

637年，14岁的武则天入宫成为唐太宗的才人，赐名"武媚"。武则天做了12年的才人，地位始终没有得到提升。在唐太宗病重期间，武则天和唐太宗的儿子后来的高宗李治建立了感情。

唐太宗去世后，太子李治登基做了皇帝，就是历史上的唐高宗。按照惯例，皇帝去世后，皇帝的一般妃嫔都要打发出宫的，而武则天也没有生过孩子，就被送到感业寺做了尼姑。

唐高宗即位后，对王皇后并不喜欢，而宠爱着萧淑妃。还经常暗中到感业寺和武则天幽会。终于有一天，这事被王皇后知道了，她将计就计，劝皇上把武则天公开接回宫中，想借此打击情敌萧淑妃。

武则天被接回宫后，被高宗封为昭仪。她利用各种机会讨皇上和皇后的欢心，并对周围的下人也极尽笼络的手段。她凭着自己的机灵，很快在宫中收买了一部分下人。

王皇后当初本想通过武则天来击败情敌萧淑妃，

才人 封建妃嫔的称号。始设于晋汉武帝司马炎，沿用至明代。才人是我国古代宫廷女官的一种，兼为嫔御。才人初定为宫官之正五品，后升为正四品。武则天就曾做过唐太宗的才人。"才人"也泛指那些没有思想，而以结果为目标，付诸行动并能得到结果的人。

却无形中又添了一个更强的对手。后来，王皇后被高宗废掉了，武则天被立为皇后。

武则天当上皇后之后，趁机重用支持过自己的许敬宗、李义府等人，接着唆使他们陷害反对自己的褚遂良、长孙无忌等老臣。渐渐地，大臣们都倒向了她的一边，大权也逐渐落在武则天手里。

683年，唐高宗病死。李显即位，这便是唐中宗。但不久，李显也因惹恼母亲被废掉，接着李旦又做了皇帝，这便是唐睿宗。但武则天还是不称意，终于把李旦也废掉了，自己做了皇帝。

690年，武则天改国号为周，自称"圣神皇帝"，当时66岁。

武则天时期，政局比较稳定，人才也都得到了合理的利用。人口增加了，由唐高宗初年的380万户进一步增加至615万户，平均每年增长9.1%。这在中古时代，

■ 武后行从图

唐中宗（656年～710年），即李哲。唐高宗李治第七子，武则天第三子。前后两次当政，共在位5年半。初谥"孝和皇帝"，后谥"大和大圣大昭孝皇帝"。死后葬于定陵。

■ 唐睿宗（662年～716年），即李旦，又名旭轮。唐高宗第八子，武则天幼子，唐中宗为其兄长。一生两度登基，两让天下，在位时间共8年。谥号"玄真大圣大兴皇帝"。712年禅位于子唐玄宗李隆基，称太上皇。5年后去世，葬于桥陵。

文韬武略

杰出帝王与励精图治

■ 武则天时代图

契丹 中古时期出现在我国东北地区的一个民族。自北魏开始，契丹族就开始在辽河上游一带活动，唐末建立了强大的地方政权。唐朝灭亡的907年建立契丹国，后改称辽，统治中国北方。

是一个很高的增长率，也是反映武则天时期唐代经济发展的客观数据。

武则天执政以后，边疆并不太平。西方西突厥攻占了安西四镇，吐蕃也不断在青海一带对唐展开进攻。北边一度臣服的东突厥和东北的契丹一直打到河北中部。

武则天一方面组织反攻，恢复了安西四镇，打退了突厥、契丹的进攻。同时，她以温和的民族政策，接纳多元文化的发展。

在边地设立军镇，常驻军队，并把高宗末年在青海屯田的做法推广到现甘肃张掖、武威、内蒙古五原和新疆吉木萨尔一带。

武则天时期的文化事业也有了长足发展。她重视科举，大开志科。

有一次策试制科举人时，她亲临考场，主持考试。武则天用人不看门第，不问出身，只看政治才能，因此特别注意从科举出身者中间选拔高级官吏。正是文化的普及，推动了文化的全面发展。

武则天在文字上大胆改革，增减前人笔画，曾经创造了19个汉字，被天下广泛用之。如她为自己取名为"曌"，意为明月当空，名君当世，字义一看即明。

虽然武则天所造汉字都是为了她的政治目的服务的，但通过这些汉字，我们却能看到她的才气和非凡的智慧。

705年，宰相张柬之等人发动政变，逼迫武则天退位。武则天被迫将皇位让给儿子中宗李显，复唐国号。同年12月，武则天病逝于洛阳上阳宫。

次年，唐中宗复辟唐朝，还都长安，将她和高宗合葬于乾陵。

阅读链接

唐太宗有一匹良马名"狮子骢"，是吐蕃新贡的千里良驹中最桀骜难驯的一匹烈马。

武则天一个女子，纤纤弱质，却主动请缨为太宗驯马，并态度果敢地说："马不听话，就杀了它！"

唐太宗吃惊地说："如果像你这样，千里良驹不是被你刺死了吗？"

武则天则不紧不慢解释道："君主乘骑的良驹骏马，驯服则用之，驯不服还要它何用？"

武则天有此铁腕，胸藏谋略，确实吸引了唐太宗的注意。但这样的女人伴在君王侧，也不得不让作为君主的唐太宗有所提防。

唐玄宗李隆基

李隆基（685年～762年），唐睿宗李旦第三子，母亲窦德妃。唐玄宗也称唐明皇，谥号"至道大圣大明孝皇帝"，庙号玄宗。

唐玄宗知人善任，赏罚分明，办事干练果断，不仅对内政进行有效的治理，对于边疆也进行了有成效的治理，将丢失的领地重新夺了回来，并分封郡王，巩固了多民族国家的统一。

在文化事业上，重视图书建设。在东宫"丽则殿"设立"丽正书院"，次年又创"集贤书院"，专供藏书、校书。

他在位期间，开创了唐朝乃至我国历史上的最为鼎盛的时期，史称"开元盛世"。

■ 唐玄宗李隆基画像

712年，李隆基即皇帝位，这就是唐玄宗。唐玄宗在位的前半期，致力于文治武功。他在政治、经济和军事上，采取了一系列强有力的措施，所取得的成就赫然可纪。

■ 唐玄宗与大臣共商国事

唐玄宗亲政时，吏治腐败，官吏泛滥，中央政权的力量被削弱。因此，他开始大力整顿吏治。

■ 张九龄雕塑

唐玄宗注意任人唯贤和人才的培养。比如武则天和唐睿宗两朝宰相姚崇、名宦之后宋璟、有远见的政治家张九龄，先后成为他的宰相，这些人为"开元之治"作出了突出贡献。

他不但注意任用贤相，还重视对地方官员素质的培养。他把新上任的县令200多人召集到大殿，亲自出题考试。将不及格者革职，让他们重新

■ 唐代长安模型

郡县 是我国古代的一种制度。春秋战国时期，就有诸侯国设郡县。秦统一后，秦始皇采纳李斯的建议，在全国实行郡县制。秦把全国分为36郡，由中央直接管辖，一郡之内又分若干县。通过郡县制。郡县制和行省制一样，对我国产生了深远影响。

学习。他还建立了对地方官员的考核制，对他们的工作定期进行考察。对于不正当谋官的现象，更是坚决杜绝。

唐玄宗除了整顿吏治，还注重发展社会经济。在他即位之前，由于政府的勒索和大豪族的土地兼并，使均田农民的负担越来越重，常常无力维持其自身的生存和简单的再生产，从而出现了天下户口逃亡过半的严重危机。

开元初期，黄河南北连年发生蝗灾。蝗虫飞来如云遮日，所落之处庄稼都被吃光了。先朝也曾遇到蝗灾，由于捕杀不力，往往造成赤地千里，横尸遍野的惨景，以致物价飞涨，政局动荡。

姚崇对此十分关注，力主唐玄宗诏令郡县及时捕杀，并由官府奖励治蝗。结果蝗灾被有效地制止了，尽管蝗灾连年，灾区也未发生大的饥荒，民心稳定。

唐玄宗在位时，边区问题是异常复杂的。

他即位以前，边防危机十分严重。西域的碎叶、庭州、北方的云州以北以及辽西12州，都已被突厥、契丹奴隶主贵族占领，陇右及河北人民经常惨遭劫掠和屠杀。唐朝统一的局面被破坏了。为彻底解决边区问题，巩固唐政权，维护统一，他采取了一系列措施。

首先对府兵制进行了改革，以提高军队的战斗力。府兵制在均田制崩溃的形势下，农民不断逃亡，兵源困难。府兵多不按时更换，教习废弛，尚武风气逐渐消失。士兵逃跑躲避，致使军府空虚。

723年，唐玄宗采取大臣建议雇佣募兵，从关内招募军士达12万人，补充作为卫士，从而代替有唐以来的府兵轮番宿卫制度，各地民丁再无轮番戍边之苦。这是当时军制由兵募到雇佣的重大改革。

雇佣兵既可吸收社会上的失业人口，缓和社会矛盾，又可常驻各地，加强训练，对改善军队的质量、提高战斗力有很大作用。

唐玄宗还通过各种措施整顿军旅。他颁布《练兵诏》，令西北军镇增加兵员，加强军事训练，不得供其他役使。还派人去检查执行的情况，代他处理有关事情。唐玄宗还注重马政工作，使军马到725年

■ 开元盛世

■ 唐朝皇帝李隆基
的陵墓泰陵

增至43万余匹，牛羊数也相应增加了。为了解决军粮问题，他又诏令扩大屯田区。这样唐朝就是兵精粮足了。

经过以上准备后，唐军出兵把沦陷的地方全部收复，维护了国家的统治地位，从而促进了对外经济文化的交流。

开元年间，唐玄宗以文治武功，创成了比较清明的社会局面，出现了"开元之治"的盛况。歌舞升平的太平景象，逐渐使唐玄宗陶醉了，锐意进取的治国精神丧失殆尽。而在唐玄宗执政后期爆发的"安史之乱"，更是成为唐朝由盛而衰的转折点。

在逆境中，唐玄宗郁郁寡欢，连饭也吃不进了，弄得憔悴不堪。762年4月5日，玄宗去世于太极宫神龙殿。葬于泰陵。

安史之乱 是指安禄山和史思明起兵反对唐朝的一次叛乱。时间是755年至762年。这是我国历史上一次重要事件，是唐朝由盛而衰的转折点。

阅读链接

李隆基与杨玉环的爱情可谓缠绵而悲剧。

杨玉环原是李隆基第十八子李瑁的王妃，然而，李隆基忘情夺爱，因此，改变了两个人的生活，大唐的历史也出现了急剧转折。

其实，最能使李隆基如痴如狂迷恋的，应是她善于掌握男人的心理，又善解人意。她在被赐死时毫无怨言地说："妾诚负国恩，死无恨矣。"这又怎能不使李隆基日后此恨绵绵无绝期呢！

然而，一切都有完结的时候。凡事盛极而衰，这是大自然的法则，即使是皇帝和贵妃，也逃不出这种命运。

开国雄主

　　从五代十国至元代是我国历史上的近古时期。五代有后梁、后唐、后晋、后汉和后周，十国有前蜀、后蜀、吴、南唐、吴越、闽、楚、南汉、南平和北汉。赵匡胤扫荡群雄，结束了战乱局面，建立北宋。三百年后，铁木真不仅将箭头穿越大漠射向欧洲，他的子孙也率领万千铁骑入主中原。

　　于是，在我国近古时期的帝王长廊里，既有中原国主铁血狼烟的壮举，也有马背民族血洒他乡的豪迈。英豪建功，可歌可泣。

宋太祖赵匡胤

赵匡胤（927年～976年），别名香孩儿、赵九重。出生于洛阳夹马营，祖籍河北涿州。军事家，政治家，我国大宋王朝的建立者。

他结束五代十国战乱局面，建立宋朝，庙号太祖。他在位期间，加强中央集权，以文治国，以武安邦，开创了我国的文治盛世，是一位英明仁慈的皇帝，是推动历史发展的杰出人物。

宋太祖本人极具几尽完美的人格魅力：他心地清正，嫉恶如仇，宽仁大度，虚怀若谷，好学不倦，勤政爱民，严于律己，不近声色，崇尚节俭，以身作则等等，不仅对改变五代以来奢靡风气具有极大的示范效应，而且深为后世史学家所津津乐道。

■ 宋太祖赵匡胤画像

■ 郭威（904年~954年），邢州尧山，即今河北省邢台市隆尧县西人，后周太祖。他出身平民，在五代初期那段战乱频仍的年代，由普通士卒逐步成长为将领，最后又当上了皇帝，使唐末以来极为混乱的北方社会开始走上了相对安定的道路。

赵匡胤出生在一个军人家庭，父亲先后为后唐、后晋和后汉的军官。赵匡胤18岁时娶了妻子，20岁时，就毅然别离发妻，浪迹天涯去闯荡世界。

950年，赵匡胤在闯荡中来到河北邺都，投靠在后汉枢密使郭威的手下，做了一名士兵。后来郭威起兵反汉，攻入开封，灭掉后汉，建立后周。赵匡胤在拥立郭威的闹剧中展露身手，遂被提升为禁军的一个小头目。

时隔不久，北汉和契丹联军合力进攻后周，赵匡胤以高平之战的出色表现受到了周世宗的进一步赏识。战后，他不但被破格提拔为殿前都虞侯，成为后周禁军的高级将领，而且还被委以整顿禁军的重任。

在这次整顿禁军的过程中，赵匡胤开始在军队中形成了自己的势力。他利用主持整顿的机会，将罗彦环、郭廷斌、田重进、潘美、米信、张琼、王彦升等自

宋太宗赵光义画像

后周 五代之一。951年，郭威先称监国，后称帝，建国号为周，史称后周，都城开封。960年，赵匡胤在领兵抵御北汉和辽的进攻时，在开封东北的陈桥驿发动了"陈桥兵变"，灭亡后周。

周世宗（921年~959年），名柴荣，是五代时期后周皇帝。庙号世宗，谥号睿武孝文皇帝。柴荣办事谨慎，虚心求谏，凡事率先垂范，甚至事必躬亲。被史家称为"五代第一明君"，堪称照耀黑暗时代的一颗璀璨明星。

己麾下的"心腹"之人，安排在殿前司诸军任中基层将领。

同时，赵匡胤又以自己高级将领的身份，主动与其他中高级将领交结，并同其中的石守信、王审琦、韩重斌、李继勋、刘庆义、刘守忠、刘廷让、王政忠、杨光义结拜为兄弟，形成一个以赵匡胤为核心的势力圈子。

959年，后周王朝政局动荡，各地将领都暗自积蓄力量等待机会以防变故。赵匡胤立即率领禁军出发，开到开封东北的陈桥驿，在那里宿营。

赵匡胤的弟弟赵光义和军师赵普派人到军中鼓动兵变，拥立赵匡胤当皇帝，带着人向赵匡胤高呼"万岁"。

■宋太祖陈桥兵变图

960年，赵匡胤宣布定国号为"宋"。至此，赵匡胤成了宋王朝的第一位皇帝。这就是后来所称的宋太祖。

为了稳定京城，宋太祖对后周皇族采取了优抚政策，对后周旧臣全部录用，官位依旧，甚至连宰相也仍由王溥、范质、魏仁浦三位旧相继任。又成功地平息了后周的皇族的反抗。至此，宋王朝与后周旧臣之间的矛盾可以说基本上得到了解决。

宋太祖赵匡胤画像

宋太祖深知，历史上篡位弑主易如反掌，很可能威胁皇权。为了确保统治的稳固，宋太祖采取了更为积极的措施，巧妙地以"杯酒释兵权"，使君臣之间的矛盾得到了较为合理的解决，上下相安无事。

随后，宋太祖决定，禁军中的殿前都点检、副都点检，侍卫马步军正副都指挥使等职务不再设置了，只剩下了侍卫马军都指挥使、侍卫步军都指挥使和殿前都指挥使这3个不能相互统属的职务。

刚刚立国不久的宋王朝周围，存在着几个由外族所建立的敌对国家和许多由汉族所建立的割据政权。在这种情况下，宋太祖制订了"先南后北"的统一方针后，开始了武力统一全国的进程。

963年，宋太祖任命慕容延钊出征荆湖。慕容延钊等依计而行，出兵湖南途中攻破江陵，高继冲归降。一个月后，湖南也被平定。

964年11月，宋太祖派大将王全斌、曹彬分兵两路，仅用66天的时间就灭亡了后蜀，取得了46个州240个县的广大领土。

970年9月，宋太祖决定攻取南汉，继续实施"先南后北"的统一

■李煜（937年～978年），字重光，初名从嘉，号钟隐、莲峰居士。彭城，即今江苏省徐州人。南唐元宗李璟第六子，于961年继位，史称李后主。精书法，善绘画，通音律，诗和文均有一定造诣，尤以词的成就最高。被称为"千古词帝"。

方针。潘美等接到宋太祖灭亡南汉的命令后，马上就攻陷了贺州，随之攻克昭、桂、连、韶4个州，大败南汉军10余万于莲花峰下。

至次年2月，即攻克广州，南汉灭亡。宋王朝又取得了60个州214个县的领土。

灭亡南汉之后，宋军主力跨过长江天险，大败南唐水陆兵10余万于秦淮，直逼金陵城下。与此同时，另一支宋军率兵攻克了常州、江阴、润州，形成了对金陵的外线包围，金陵成了一座孤城。不久即攻入金陵，俘虏了南唐后主李煜。

灭南唐是宋太祖统一南方的最后一仗，也是当时最大的一次江河作战。这次战争中的"围城打援"，是宋太祖战略部署中的经典之作，也是古代战争史上创举。

宋太祖在南北用兵，统一全国的同时，采取了一系列措施，巩固和加强中央集权。

首先就是削弱地方势力。

963年，宋太祖作出废除荆湖地区等各个支郡的规定，并最终形成了宋代的以文臣任知州的制度，使位尊权重、声势煊赫的节度使的权力受到极大削弱。

其次是收归各地的财政大权。

964年，宋太祖发布了一道重要的诏令，要求各州除留有必要的经费外，其余财赋中属于货币的部分应全部奉送到京城，不得无故占留。地方丧失了财权，自然也就无法屯兵自重了。

宋太祖为收地方精兵创立了兵分禁、厢的制度，为后代一直沿袭下来，成为两宋兵制中的一大特色。

宋太祖为了扩大统治基础，改革和推进了隋唐以来的科举考试制度。他极力放宽科举考试的范围，不管是家庭贫富，还是门第高低，只要具有一定文化的人，都可以前往应举。同时严格考试制度，以防权贵豪门徇私。

与此同时，又着力改变重武轻文的旧风气。随着文教的振兴和开科取士的增多，大批文人进入统治集团，切实发挥了他们的作用。

宋太祖还一直推行广施恩德、与民休息的方针，实行轻徭薄赋、奖励农桑、兴修水利、发展工商贸易，大得民心，极大地保护和调动了人民群众的生产

金陵 是南京的别称。南京历史悠久，有着6000多年文明史、近2600年建城史和近500年的建都史，是中国四大古都之一，有"六朝古都"、"十朝都会"之称，是中华文明的重要发祥地。

■ 公婆庙传说塑像

积极性，使宋朝各地的生产得到迅速的发展。

宋代是我国古代史上经济空前发展繁荣的时期。中华民族的四大发明中就有火药、指南针、活字印刷术三项大发明出在宋代。

976年，宋太祖亲率大军对北汉发起了第三次攻势。10月。正在激战之时，这位胸怀统一大志、正值壮年的杰出君王在刀光剑影中不幸暴病身亡，年仅50岁。葬于永昌陵。

阅读链接

邯郸有一个赵姓的大户人家，人称赵员外。赵员外家境殷实，乐善好施。

有一次，南征北战的赵匡胤在征战邯郸时，战伤累累，加上伤寒病袭身，晕死在邯郸火磨庙。幸被赵员外和家人救起，好生照料，尤其是赵家秘制的酥鱼和酥鱼汤，滋补强身，赵匡胤半个月恢复如常人。

960年，赵匡胤在开封府黄袍加身，登基做了皇帝后，不忘赵员外的救命之恩，亲派嫡系大将石守信豪修赵府大院，官赐三品。赵匡胤多次提起："没有赵员外，就没有大宋江山。"

元太祖成吉思汗

　　成吉思汗（1162年～1227年），即孛儿只斤·铁木真。蒙古族。蒙古帝国可汗，谥号"圣武皇帝"、"法天启运圣武皇帝"，庙号太祖，尊号"成吉思汗"。世界史上杰出的政治家、军事家。

　　成吉思汗颁布了《成吉思汗法典》，这是世界上第一套应用范围最广泛的成文法典，此法典建立了一套以贵族民主为基础的蒙古贵族共和政体制度。

　　成吉思汗协助塔塔统阿创蒙古文字，即"畏兀字书"。后经改革后，更趋完善，一直沿用到今天。

　　成吉思汗建立蒙古帝国，灭花剌子模，被称为"一代天骄"。与我国历史上著名的帝王秦皇汉武、唐宗宋祖相提并论。

■ 元太祖成吉思汗画像

字儿帖（1161年~1236年之后），姓字思忽儿弘吉剌氏。元太祖成吉思汗的正妻。成吉思汗有数十位妻妾，分居在4个斡儿朵，其中每个斡儿朵又有数个皇后与妃子，字儿帖居于第一斡儿朵，并且排行第一，地位最高，她也最得成吉思汗敬重。

■ 成吉思汗出征壁画

1162年，蒙古乞颜部酋长也速该的帐蓬里生下一个男孩，也速该以"铁木真"的名字赐给这个头生子。铁木真在蒙语里是"精钢"的意思，也速该用这个名字来表明对儿子的厚望。

在铁木真9岁那年，也速该被塔塔尔人下毒药毒死。铁木真的弟弟妹妹年龄很小，他们家既缺乏牲畜，也缺少劳动力，生活十分艰苦。幸亏他的母亲很能干，勉强维持生活。

泰赤乌的首领担心铁木真长大后东山再起，于是，他们对铁木真家的住地进行了一次突然袭击。捉去铁木真，套上木枷到处示众。铁木真逃走后，为了防止再遭袭击，他把全家迁到肯特山去居住。

几年后，铁木真和字儿帖结了婚，以便取得翁吉剌部的支持。可是婚后不久，蔑儿乞惕部落突然袭击了铁木真的营帐。在战乱中，铁木真虽然逃了出来，

但他的妻子孛儿帖却被蔑儿乞惕部落的人掳走。

艰辛的生活，接连的打击，不仅没使铁木真灰心丧志，反而更增强了他的复仇决心。铁木真的父亲也速该生前和克烈部的首领王罕脱斡里勒汗是结义兄弟。为了争取王罕支持，铁木真忍痛把妻子孛儿帖当初带来的嫁妆黑貂裘献给王罕，并称他为义父。孛儿帖遭俘后，铁木真请求王罕出兵，王罕欣然同意。

铁木真召集过去属于自己家族的部众，又约了自己的"安答"，蒙古札答剌氏族首领札木合，三方联军，突袭蔑儿乞惕部。蔑儿乞惕部大败，铁木真夺回了孛儿帖，壮大了自己的力量。

没有多久，札木合的弟弟由于抢掠铁木真的马群被蒙古部人杀了，札木合以此为借口，纠集他所属的13部共3万人向铁木真发起进攻。铁木真也把自己的3万士兵分成13翼迎战札木合。

双方在克鲁伦河畔的答兰巴勒主惕展开了一场大战。这就是蒙古族历史上著名的"十三翼之战"。铁木真在这场战役中失败了。

1201年，铁木真和王罕联合，击败了札木合部。第二年，铁木真又全歼了残余的塔塔尔人，此外，弘吉拉等部又前来归顺。这样，蒙古草原东部的各部都已统一归并于铁木真的麾下。

铁木真的势力不断扩大，使王罕脱斡里勒感到威胁，王罕和铁木真的关系开始恶化。王罕纠结札木合联合向铁木真发动突然袭击。铁

■ 成吉思汗出征壁画

木真失利，他退到班朱泥河沼泽地停了下来。后来，铁木真派兵暗暗包围了王罕的驻地，然后突然发起进攻。经过三天三夜激战，占领了王罕的金帐，完全消灭了克烈部，王罕逃到鄂尔浑河畔，后被乃蛮人杀死。

强大的克烈部被消灭以后，蒙古草原上唯一还有力量与铁木真抗衡的，是西边的乃蛮部。1204年夏天，铁木真灭掉了乃蛮部，蒙古草原上再也没有可与他争锋较量敌手，铁木真威名震动了蒙古草原。后来，蔑儿乞人的首领逃走了；汪古部主动前来归附；札木合也被他的部下绑了送交铁木真，最后被铁木真处死。

这样，铁木真完成了统一蒙古的大业。

1206年，全蒙古的贵族和功臣们在鄂嫩河畔举行忽里勒台，也就是大聚会，大家一致推举铁木真为全蒙古的大汗，并且上尊号为"成吉思汗"。成吉思汗，是蒙古语"强大"的意思。

这一年，铁木真44岁。

成吉思汗成为蒙古的大汗，标志着蒙古族的历史进入了一个新阶段。在东起呼伦贝尔草原，西至阿尔泰山的辽阔地域内，操着不同语言和具有不同文化水平的各个部落，逐步形成了勤劳勇敢的蒙古民族。

鄂嫩河 又名"斡难河"。发源于蒙古东北部肯特山东麓，北流经俄罗斯的石勒喀河后，流入黑龙江。1206年，铁木真带领蒙古的贵族和功臣们在鄂嫩河畔举行大聚会，大家一致推举他为蒙古的大汗，并且上尊号为"成吉思汗"。

成吉思汗统一蒙古以后，建立了第一个蒙古国政权。他在军队建设、军事行动，以及文化和文法方面，采取了强有力的措施。

成吉思汗对于军队建设，可谓不遗余力。他在原"千户军"基础上整编蒙古军，把全体蒙古牧民编为10户、100户、1000户和1万户，任命大大小小奴隶主为"十户长"、"百户长"、"千户长"和"万户长"。

成吉思汗还扩充了一支由他亲自指挥的1万人的护卫军，这支军队从人员的挑选、武器的配备到战术的训练等各方面都是非常严格的。

成吉思汗在1205年至1209年间3次洗劫西夏，迫使对方请和，并答应每年向蒙古纳贡。

1219年秋，成吉思汗亲自率领20万军队进攻花剌子模。在后来的1235年和1252年，成吉思汗的子孙

乃蛮部 蒙古高原西部势力最强大的游牧部落。语言属突厥语系。信奉景教。在蒙古人兴起以前已建立起国家机构。乃蛮汗国被推翻后，大部分乃蛮人跟随其王子屈出律西迁至今哈萨克斯坦东部，并与当地的其他突厥语部落融合，后成为哈萨克民族的主要部落之一。

■ 成吉思汗画像

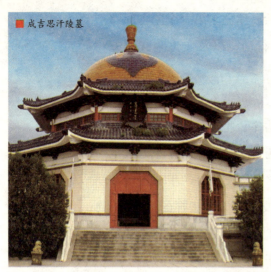
成吉思汗陵墓

又发动了第二次和第三次西征，横跨欧亚，建立了"大蒙帝国"。

成吉思汗还颁布了文法。在蒙古社会中，大汗、合罕是最高统治者，享有至高无上的权威，大汗的言论、命令就是法律，成吉思汗颁布的"大札撒"记录的就是成吉思汗的命令。成吉思汗的"训言"，也被称为"大法令"。

1206年成吉思汗建国时，命令失吉忽秃忽着手制订青册，这是蒙古族正式颁布成文法的开端。

1227年年8月25日，成吉思汗在远征西夏的途中，在清水县西江去世，终年66岁。

成吉思汗死后实行了"密葬"，所以真正的成吉思汗陵究竟在何处始终是个谜。坐落在鄂尔多斯市伊金霍洛旗甘德利草原上的成吉思汗陵是一座衣冠冢。

阅读链接

成吉思汗在消灭花剌子模后回军路上，接见了我国北方道教全真派首领长春真人丘处机。当时丘处机是道教全真龙门派掌教，成吉思汗待他如师友。

丘处机清楚地告诉他，人是不能长生不老的，只能养生。还告诉他一条治国之道，劝他要清静无为，不要滥杀无辜等。

丘处机与成吉思汗的相会时间不长，但是在成吉思汗人生道路上起的作用却相当大，使其性格也发生了不小的变化。

元世祖忽必烈

忽必烈（1215年～1294年），即孛儿只斤·忽必烈。蒙古族。成吉思汗嫡孙。元朝的创建者，谥号"圣德神功文武皇帝"，庙号世祖，蒙古尊号"薛禅汗"，蒙古族卓越的政治家、军事家。

忽必烈在位期间，他废除了自唐朝开始就设立的门下省和尚书省，但是保留了中书省，六部也并入中书省，该机构全权负责行政事务。同时，他还加强了中央集权，使得社会经济逐渐恢复和发展。

在文化方面，他命"国师"创制的蒙古文字，能翻译汉文的经、史等文献，从而加强了蒙、汉、藏等民族的语言文化的交流，推动了文化的发展。

■ 元世祖忽必烈画像

■元世祖忽必烈蜡像

大都 这里指元朝都城。其遗址即是今北京的大部分地区。元大都的修建历时18年之久。元大都规模宏伟，规划整齐，有巍峨的宫殿，雄伟的寺庙，美丽的园囿，宽敞的街道。元大都是当时世界最大的都市之一，奠立了近现代北京城的雏形。

忽必烈生活于蒙古帝国的黄金时代。在他出生之时，蒙古人开始开疆扩土；而他长成之时，蒙古大军已经把疆域远远地扩张到了北方和西方。作为成吉思汗的嫡孙和元宪宗蒙哥的胞弟，忽必烈无疑是个显赫之人。

1260年6月4日，忽必烈在中原的开平上都府大本营被拥立为大汗。当时他44岁。

在后来的1246年夏迁都燕京，改燕京为中都，把中央政权机构设于此地。1271年冬宣布改"大蒙古"为"大元"，取《易经》"大哉乾元"之义，表示国家广袤无疆。

1272年2月，他宣布建都为大都。

元世祖在1260年登基后的一个月内，便成立了中书省，负责处理政务。

1263年，他建立了枢密院，负责军事。

5年后，最后一个主要机构御史台成立了，负责监察和向元世祖报告汉地官员的情况。此外，还有专为大汗和皇宫提供服务的特殊机构，如内务府、将作院等。

在文字上，元世祖封吐蕃萨迦的八思巴为"国师"，命八思巴率领一些吐蕃语文学者重新创制蒙古族文字。

元世祖命八思巴新制蒙古族字，则是适应元朝多民族国家建立后的需要，要求拼写蒙古语的新字，同时还能译写其他民族的语言，其中主要是汉族的语言。

新字制成后，1269年2月，由元世祖正式颁行。原称蒙古新字，后改称蒙古国字，通称"八思巴

■ 藏传佛教大师八思巴

■ 元朝文物双凤麒麟石雕

字"，成为国家法定的官方文字。

整个元朝统治时期，凡是皇帝的诏旨和一切国家颁发的文告、法令、印章、牌符、钞币等一律使用国字。蒙古国字还用来翻译汉文的经、史等文献，供蒙古贵族子弟学习，加强了蒙、汉、藏等民族的语言文化的交流。

在经济方面，元世祖首先释放被他的军队俘虏的大批士兵和平民，以争取江南的汉人。

接着发布以恢复我国南方经济为目的的命令，其中包括禁止蒙古人掠夺农田，并建立贮存剩余谷物的常平仓来保证遇到灾害时有足够的供应。

■ 元世祖狩猎图

他把首都建在大都，元世祖需要保证这个新城市中稳定的粮食供应，这迫使他从我国南方更富庶的地区运入粮食。

为此，1289年2月完成了对大运河的扩建，使江南的粮食可以方便地到达大都。此外，对盐、茶、酒和一些商品实行专管专卖。

在文化方面，元世祖希望把自己扮演成汉民族文化的保护人。元世祖对白话文的支持，方便了剧作家的写作，因此对元剧的发展作出了贡献。

与此同时，他还采取了一

■ 元世祖会见马可·波罗蜡像

些积极的措施保留蒙古人的仪式和习惯。如继续举行一些传统的蒙古庆典，并且按照蒙古风俗祭山、祭水和祭树，用萨满教士表演传统的仪式。

此外，元世祖促进书籍的更广泛传播，因此元朝的印刷术保持了宋朝所达到的高水准。

在军事方面，元世祖采取了一系列军事行动。在即位的最初几年里，元世祖致力于巩固汗位，对南宋只求维持现状。

经过长期备战之后，便于1267年开始举兵伐宋。最后迫使宋帝无可奈何上表投降。

除了征服南宋，元世祖也曾多次派兵侵略邻国，比如两征日本和对东南亚诸国发动战争，但多遭失败。

在外交方面，元世祖通过对基督教实行宽容政策进一步吸引欧洲人，他甚至还寻求获得外国基督教徒的支持和协助。

他采取更关切的态度邀请和招募外国基督徒，比如马可·波罗是元世祖时代中西方交流中的最有名的基督徒。这些人对中外交流起到

元世祖后像

了重要的作用。

元世祖在晚年遭遇了一连串打击，最钟爱的妻子先他去世，最喜爱的儿子英年早逝。或许由于这些个人悲剧的刺激，他开始酗酒，并且毫无节制地暴饮暴食。他的体重迅速增加，越来越肥胖，并被因酗酒而引起的疾病折磨得痛苦不堪。

与此同时，他的一些政策也遭到了失败。尤其是对外远征的失利，纯粹是由于政策不恰当的改变而造成的，因此他就无论如何也难辞其咎了。

1294年春，被酗酒引起的疾病折磨得痛苦不堪的元世祖逝世。同很多蒙古族的元朝皇帝一样，元世祖的陵墓在哪里仍是个谜。

阅读链接

忽必烈在外征战时，有一天想吃家乡的清炖羊肉。

突然探马来报敌军已到，忽必烈一面下令开拔，一面喊着："羊肉！羊肉！"厨师急中生智，飞快地切了10多片薄肉放在沸水，肉色稍变即捞入碗中，撒下佐料后捧给大帅。忽必烈接连吃了几碗后，翻身上马迎敌，结果大胜。

在筹办庆功宴时，忽必烈特别点了战前吃的那道羊肉片。这回厨师做得更认真，忽必烈吃后赞不绝口。

厨师忙上前帅爷赐菜名。

忽必烈笑着答道："我看就叫涮羊肉吧！"从此，涮羊肉成了佳肴。

近世时期

末代天骄

　　明清两代是我国历史上的近世时期。明清两个封建王朝，留给我们太多的精彩和慨叹。朱元璋出身寒门，做了开国皇帝，仍然以万乘之尊而居；而明成祖朱棣凭借文治武功，很让后世有"大帝"之赞。

　　清代太祖、太宗、圣祖、世宗和高宗五帝，雄心勃勃，使我国专制主义中央集权的政治制度发展到登峰造极的程度。

　　纵观我国近世时期君主政治，明清两代帝王演绎了社会变易与民族救亡的激荡风云，个中意蕴，值得阐扬。

明太祖朱元璋

明太祖朱元璋画像

朱元璋（1328年～1398年），字国瑞，汉族，原名朱重八，后取名兴宗。濠州钟离人。他是明朝的开国皇帝，谥号"开天行道肇纪立极大圣至神仁文义武俊德成功高皇帝"，曾经做个和尚，庙号太祖。

他在位时驱逐胡虏，除暴乱，拯救民族，结束了元朝民族等级制度。

他励精图治，恢复和发展生产，整治贪官，提倡文教，其统治时期被称为"洪武之治"。

朱元璋与刘基

　　朱元璋出生于今安徽省凤阳县的一个贫苦农民家庭。他自幼贫寒，曾离乡做游方僧人。后在好友劝说下，到濠州投靠郭子兴，参加红巾军。

　　朱元璋身材魁梧、英勇机智且多谋善断，很快得到郭子兴的赏识。由于朱元璋率兵打仗，十分注意约束部队，因此很得老百姓欢迎，他在军中的威望也越来越高。

　　1356年，红巾军统帅刘福通在亳州立韩林儿为皇帝，国号宋，年号龙凤。不久郭子兴死后，朱元璋势单力薄，不得已遥奉韩林儿的大宋龙凤政权。

　　这年3月，朱元璋率兵攻占集庆，改集庆为应天府。至此，朱元璋以应天府为中心，采取朱升"高筑墙、广积粮、缓称王"的建议，采取稳健的进攻措施。

　　为寻求能征善战的骁将，朱元璋常常不惜任何代价。刘伯温、常遇春都是在这个时候求得的人才，他们为明朝建立创下了不朽功勋。

■ 明太祖朱元璋在
皇宫时的场景

1360年，陈友谅自称皇帝，约张士诚一块夹攻朱元璋。

这时朱元璋已羽翼丰满，兵强马壮，他立即实行大转移，采取固守东南，向东北和西线出击的战略，开始与群雄逐鹿中原。经过近8年的征战，朱元璋终于消灭了长江流域势力较大的两支红巾军力量陈友谅和张士诚部，一跃而成为江南地区最大的军事力量。

1368年4月，朱元璋在南京称帝，定国号为大明，年号为洪武。为实现明朝的长治久安，明太祖进一步推进统一全国的进程。

1368年8月，明太祖的大将军徐达北伐告捷，元顺帝逃亡漠北，元大都落入明军之手。在派兵北伐的同时，明太祖又派兵南下，陆续平定浙东、福建、广东和四川。1381年进军云南，第二年，攻占大理。至

徐达（1332年~1385年），字天德。濠州钟离，即今安徽凤阳人。明朝开国军事统帅。朱元璋手下大将，统兵征战。做过左相国、大将军、中书右丞相。徐达死后被封为魏国公，追封中山王。

此，已基本完成了南方的统一。

1373年，明太祖下令改元朝御史台为都察院，设有左右都御史、左右副都御史、左右佥都御史，下置十三道巡按御史分巡各地，负责纠劾百司、辨明冤枉等。这一措施保证了各级官员对皇帝的绝对忠心和尽职。

1376年，明太祖宣布废除行中书省，设承宣布政使司、都指挥使司和提州按察使司，分担行中书省的职责，3个机构互相制约，直属皇帝领导。

1380年，明太祖废除丞相制，规定中央的政务分别由吏、户、礼、兵、刑、工六部管理，每部设尚书一人，侍郎两人。六部尚书直接对皇帝负责，奉行皇帝的意旨。同年，明太祖还把最高的军事机构大都督府分成前、后、左、中、右五军都督府，各自统辖一部分军队，并规定都督府只管军队的管理和训练，而军队的调遣和将帅的任免权，则由兵部掌握。

1387年，明太祖派军进攻辽东，迫降元将纳哈

六部尚书 "六部与尚书"是两个不同的概念。六部，是我国隋唐至清末中央行政机构吏部、户部、礼部、兵部、刑部、工部的总称，是我国古代数个官署的统称。尚书，是中国古代官职名之一。尚书最初是指掌管文书奏章的官员。

127

近世时期

末代天骄

■朱元璋御赐甲弟

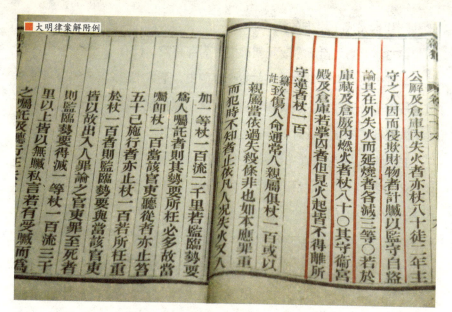

出。至此，除了漠北草原和新疆等地之外，明太祖基本上实现了统一大业。

明代统治者很注重法律规范的修订。早在建立明朝之前，明太祖就开始了系统的立法活动，曾命左丞相李善长、御史中丞刘基等议定和编成《律令》。后经近30年的更改和删定，最后终于颁布了我国法律史上极其重要的一部法典《大明律》。

明太祖出身贫苦，比较能体恤民情。他认为士农工商中，农民最为辛苦。即位之初，就在全国范围内大力推行休养生息政策，要求各地官吏把开垦新田、增加户数作为头等大事来抓，并规定官吏的考核都要上报农桑的治绩，违者降罚。在赋税徭役等方面也对农民做了一些让步，鼓励兴修水利，推广棉花和桑枣果木的种植。

此外，由于连年战乱，致使中原、江南人口锐减，所以明太祖下决心从山西大规模移民整修河堤、恢复盐场。

在1370年至1417年的数十年间，移民首先从山西洪洞大槐树迁出，涉及全国，成为我国历史上规模最大、历史最久的一次有组织有计划的汉民族迁移行动，被称为"洪武移民"。

这次移民合理地分布了人口生存空间和中华文明的文化构成，在我国古移民史上留下了浓墨重彩的一笔。

在历代封建帝王中，明太祖是一个比较勤俭务实的皇帝。他把自己的全部精力、时间，都用在了管理他一手开创的朱家王朝。全国政务不论大小必亲自过问和处理。

朱元璋与大臣蜡像

因为他担心交给朝臣们办一则会出现徇私舞弊现象；二则那样会使大权旁落。所以，每天天不亮明太祖就起床办公，批阅文件直至深夜。

1398年，明太祖去世。葬于南京明孝陵。

阅读链接

朱元璋攻占南京以后，听说一些官兵横行街上，就决心再明军纪。就在第二天队伍集合准备出发攻打镇江时，统兵大将军徐达因违犯军纪被抓了起来，准备斩首示众。

三军将领一听，纷纷跑到朱元璋面前苦苦求情。最后朱元璋答应饶徐达不死，但必须立功赎罪，攻占镇江后约法三章：一不许烧房子；二不许抢财物；三不许滥杀无辜。

众将官异口同声保证约束三军，不再为主帅惹事，三军无不佩服朱元璋执法严明。

当然，这是朱元璋和徐达早就商量好的计策。

明成祖朱棣

朱棣（1360年～1424年），朱元璋第四子。明朝第三位皇帝，谥号"启天弘道高明肇运圣武神功纯仁至孝文皇帝"，原庙号太宗，后由明世宗改为成祖。一生文治武功赫赫。

他五次亲征蒙古，巩固了北部边防，维护了中国版图的统一与完整。多次派郑和下西洋，加强了中外友好往来。迁都并营建北京，组织学者编撰编修百科全书《永乐大典》，疏浚大运河。明成祖可称得上是功绩累累的一代雄主。

他统治期间社会安定、经济繁荣、国家富强，后世称这一时期为"永乐盛世"，明成祖也被后世称为永乐大帝。

■ 明成祖朱棣画像

　　朱棣在明朝建立时已是一个八九岁的儿童。那时全国仍很凋敝，满目疮痍。这一切都在朱棣的幼小心灵上留下了深深的印记。

　　朱棣在宫廷中度过了他的青少年时期，在11岁时，他被封为燕王。又过了10年，他已成了一个英姿飒爽的青年，率领护卫就藩北平。

　　明太祖朱元璋去世后，他的孙子建文帝即位。建文帝采取一系列削藩措施，严重威胁藩王利益。坐镇北平的朱棣起兵反抗，随后挥师南下，史称"靖难之役"。这是一场统治阶级内部争夺皇位的战争。因此朱棣以强藩起兵夺取皇位后，北方不再有强藩存在。

■ 北京紫禁城建筑

1402年6月，朱棣在南京奉天殿即皇帝位。他以1403年为永乐元年，从此开始了他22年的统治。

明成祖的一个重要举措是迁都北京。1403年迁都北平后，他就下令改北平为北京，升为陪都，同时改北平府为顺天府。又开始大兴土木，正式营建北京紫禁城宫殿。

从1407年起，明成祖集中全国匠师，征调了二三十万民工和军工，经过14年的时间，建成了这组规模宏大的宫殿组群，成为世界历史上最著名的建筑之一。这是明成祖的历史贡献。

为了加强皇权，明成祖镇压异己，比如杀掉方孝孺。后又改革中央行政机构，设立了东厂，使中央集权得到进一步加强。东厂是一个缉捕"叛逆"的特务机关，起初直接受明成祖指挥，后来统辖权移到宦官手里，有事可直接向皇帝报告，权力在锦衣卫之上。

后来到明宪宗时增设西厂，其权力超过东厂。明代锦衣卫、东厂和西厂都是特务机构，合称"厂卫"。

明朝政府还对边疆地区如东北、西南和西北，加强了政治、军事和贸易往来，全国统一形势得到进一步发展和巩固。其中，对东北边疆的强化管理很值得一提。

1403年，明朝派人至奴儿干地区招抚，次年各部归附，朝廷任命各首领为指挥同知等职，其后数年，明朝即以此为基础，逐渐在黑龙江、乌苏里江流域成立了131个卫。

1409年，在当地官员忽剌修奴的建议下，在黑龙江入海口一带成立都指挥使司以统辖各卫，以康旺为都指择同知，王肇舟为指挥金事。奴儿干都指挥使司的统治范围东、南及于海并越海抵苦夷，西至斡难河，北至大兴安岭。

为了彻底解决蒙古贵族残余势力构成的边患，从1410年开始，明成祖亲自率领明军进行北伐。

这次北伐，明军在飞云山中击破5万蒙古铁骑，迫使蒙古本部的鞑靼向明朝称臣纳贡，明成祖封鞑靼大汗为和宁王。随后明朝大军一直进入到极北的擒狐山，在巨石上刻字为碑"瀚海为镡，天山为锷。"

1414年，明成祖进行第二次北伐，击败了蒙古另一部瓦剌，瓦剌遣使谢罪之后，明成祖班师回朝。

1421年，明成祖进行第三次北伐，大败兀良哈蒙古。蒙古势力遭到明成祖的连续打击后，此后数十年都无法对明朝构成威胁。

明成祖的历史功绩之一，是倡导修纂了《永乐大典》。即位之初的永乐元年，他便下令编纂一部大书。参加修纂的有全国的各种一流人才。

由学术大师姚广孝为总裁，包

鞑靼 我国古代北方游牧民族的名称，自唐迄元先后有达怛、达靼、塔坦、鞑靼、达打、达达诸译，其指称范围随着时代的不同而有异。在明代时，对元顺帝退出大都至林丹汗时期的漠南，漠北蒙古人也称为鞑靼。

■ 明朝百科全书《永乐大典》

西洋 泛指西方国家，主要指欧美国家。而在古代是以中国为中心的一个地理概念。最早出现在五代，不同时代含义不尽相同。明朝时期的西洋是指文莱以西的东南亚和印度洋沿岸地区，晚清用西洋一词指欧美国家。

括名儒、名士、名医、名僧等，共计2169人，参与修纂。后勤安排得很周到。礼部负责在全国选拔抽调人员，从各地收集所需图书。光禄寺则负责修纂人员的食宿。

在修纂过程中，明成祖经常检查、督促。发现问题，及时解决。经过4年的奋战编修竣工的《永乐大典》，全书共22877卷，计11095册。收录了上自先秦、下迄明初的各种图书8000余种。种类包罗万象，计有经、史、子、集、百家、天文、地志、阴阳、医、卜、戏剧、小说、技艺等项。明成祖命名其为《永乐大典》。

这是我国历史上的第一部百科全书。

明成祖派郑和下西洋，这也是我国历史上的一大壮举。郑和于1405年率庞大的船队，第一次出使西洋。船队规模宏大，船种齐全，船员齐备。

据载，郑和首次出使西洋的船队共有船只208艘，其中大船62艘，小船146艘。有战舰、有供应船。船员来自各行各业，有官兵、水手、翻译、商人、医生、教师、工匠等各行各业的人，计有27800人。

■ 郑和（1371年～1433年），原名马三保。明成祖认为马姓不能登三宝殿，因此在南京御书"郑"字赐马三保郑姓，改名为和。明朝伟大的航海家，七下西洋，完成了人类历史上伟大的壮举。1431年钦封郑和为三宝太监。

郑和下西洋船只

　　他们所带的物品，包括粮食、药品、淡水、盐酱、茶油、烛柴等，应有尽有。所带的货物，包括丝绸、绢缎、瓷器、水银、麝香、米谷、雨伞、草席、铁器、铜器等几十种，一应俱全。同时，还带了许多稀奇的珍宝。

　　这次航行充满了艰难险阻，但是他们胜利地完成了任务。船队最远抵达印度半岛。每到一国，郑和便宣示明成祖诏书，赏赐金币。

　　1407年，经两年多的航行，郑和一行顺利地回到了祖国。

　　自1405年至1433年的28年间，郑和7次出使西洋，其中有6次是奉明成祖谕旨前行的。郑和7次出使西洋，同30多个国家加强了往来，进行了各个方面的交流，密切了同这些国家的双边关系。

　　这种大规模的海外贸易，是我国航海史上乃至世界航海史上的壮举，其历史意义非常深远。

　　明成祖注意社会经济的恢复与发展，认为"家给人足"、"斯民小康"是天下治平的根本。他大力发展和完善军事屯田制度和盐商开中则例，保证军粮和边饷的供给。派夏原吉治水江南，疏浚吴淞。

明长陵棱恩门

文韬武略
杰出帝王与励精图治

在中原各地鼓励垦种荒闲田土，实行迁民宽乡，督民耕作等方法以促进生产，并注意蠲免赈济等措施，防止农民破产，保证了赋役征派。通过这些措施，永乐时"赋入盈羡"，达到有明一代最高峰。

1424年，明成祖病故。葬于明长陵。

阅读链接

有一次，朱棣在行军途中，见一村妇怀抱着一个大孩子、手拉着一个小孩子落荒而逃。

朱棣感到奇怪，就问她为何抱大领小。

村妇说："长子为前房所生，小儿是自己所养，长子死则无后，幼弃尚能再生。"

朱棣听后深受感动，从路旁拔起一棵艾蒿，交代村妇回家挂在门旁，并命令士兵见门上插艾蒿者不得入内。

村妇将这个消息告诉村人，于是家家户户门上插艾，全村人皆平安无事。后来人们将艾蒿称为艾子，即"爱子"之意，并保留了门上插艾的习俗。

清太祖努尔哈赤

努尔哈赤（1559年～1626年），爱新觉罗氏。满族。我国历史上杰出的军事家和政治家。他建立了大金政权，创建八旗制度，是清王朝的奠基人和主要缔造者，谥号"承天广运圣德神功肇纪立极仁孝睿武端毅钦安弘文定业高皇帝"，其子皇太极改国号为"大清"称帝后，追尊他为太祖。

努尔哈赤制定了厚待功臣的重要国策。对于早年来投、率军征战、尽忠效劳的"开国元勋"，给予特别礼遇和优待，赐给大量人畜财帛，任为高官，封授爵职，荣辱与共，为建立和壮大后金国，奠定了牢固的基础。

■ 清太祖努尔哈赤画像

建州女真 是元代建立在黑龙江省依兰县一带的女真3万户中的一支，即吾都里部。他们在首长猛哥贴木儿的带领下辗转抵达图们江下游，后又继续迁移到今朝鲜国北境。猛哥贴木儿就是清太祖努尔哈赤的直系祖先。

赫图阿拉 又称兴京、黑图阿拉、赫图阿喇或黑秃阿喇，满语"横岗"之意。故址在今辽宁省新宾县。我国后金政权都城。今仅内、外城城墙有部分残存，城门遗迹尚清晰可辨，其余建筑已荡然无存。

努尔哈赤于1559年出生于赫图阿拉，就是现在的辽宁新宾县永陵乡，这里是满族的发祥地。

努尔哈赤从小天资聪颖，勤奋好学，不但会说汉语，还喜欢读《三国演义》、《水浒传》之类的书，并嗜好习武，精通骑射。汉族文化丰富了他的政治、军事知识和精神生活，对后来的统一事业影响很大。

努尔哈赤年轻的时候，建州女真正处在由原始部落社会向奴隶制社会过渡的时期，部落间的争夺兼并十分剧烈。祖父和父亲被明军杀死。战事平定下来后，努尔哈赤向明朝皇帝告状，明朝皇帝觉得于理有亏，就赐给努尔哈赤12道敕书和30匹马，让他承袭祖父的官职，封他为都督。从此，努尔哈赤开始走上了政治舞台。

1583年5月，努尔哈赤为了替祖父和父亲报仇，用祖传的13副铠甲，带兵不足100人，以出其不意的动作，迅速打下多伦城和界凡城，不仅消灭了尼堪外兰的势力，而且壮大了自己的力量。

■努尔哈赤雕像

由于女真其他部落阻挠，无法把尼堪外兰抓到，于是，努尔哈赤下决心一并征服各部落，开始了统一女真的事业。

经过3年浴血奋战，努尔哈赤征服了许多部落，并且终于杀了尼堪外兰，替祖父和父亲报了仇。又经过了大约两年的东征西讨，努尔哈赤统一了除叶赫等少数部落以外

■ 古代战争场景

的全部建州女真，成为威震东北的女真族杰出首领。

随后，他又合并海西女真各部和东海女真大部，控制了东临日本海、西界明朝卫东都辖区，南到鸭绿江，北到黑龙江以北大兴安岭等广大地区，为建立后金政权打下基础。

努尔哈赤在统一女真的过程中，为着兴基立业，扩展势力，于1587年修筑了费阿拉城。在这里，定国政，立法制，建王权，形成割据政权的雏形。后来，又迁至赫图阿拉。

1616年，努尔哈赤在赫图阿拉正式建国称汗，国号大金，历史上称为后金，定年号为天命，表示他建国称汗乃是天命所归。

不久，努尔哈赤将赫图阿拉改名为兴京，并定为国都。后金是清朝的前身，努尔哈赤后来就被尊称为清太祖。

费阿拉城 位于抚顺新宾满族自治县。"费阿拉"为满语，意为"旧的山城"。分套城、外城和内城三层。内城中又设有木栅栏，栅栏内是努尔哈赤的住所，内城都是努尔哈赤的亲属，外城住着八旗贵族，套城是八旗兵丁。现在城中的汗王殿等遗址还可以看到。

■ 赫图阿拉故城

圣旨 是我国古代皇帝下的命令或发表的言论。圣旨是我国古代帝王权力的展示和象征，圣旨两端则有翻飞的银色巨龙作为标志。圣作为历代帝王下达的文书命令及封赠有功官员或赐给爵位名号颁发的诰命或敕命，圣旨颜色越丰富，说明接受封赠的官员官衔越高。

后金政权的建立，完全靠八旗劲旅作为军事支柱。八旗军制是从女真氏族公社末期的一种狩猎组织演变而来的。开始只有4个"固山"，即黄、白、红、蓝色旗帜。

至1614年，努尔哈赤增编镶黄、镶白、镶红、镶蓝四色旗帜，正式确立八旗制度。

努尔哈赤建立大金政权的消息传到北京后，明朝上下震动，纷纷提出各种办法对付这一严重威胁。

1618年4月13日，努尔哈赤以"七大恨"告天，誓师讨伐明军。"七大恨"实际上是明朝与女真关系的总结，也是后金对明朝的宣战书和对女真人的号召书。努尔哈赤率领步兵2万人进攻明军，首破抚顺，再拔清河。

抚顺、清河相继被后金军攻破的消息，迅速传到北京。明神宗任命杨镐为兵部右侍郎兼辽东经略，并授给尚方宝剑，叫他迅速带兵前去对付后金军。

杨镐接到明神宗的圣旨以后，招募9万人的兵马，领取只能维持很短时间的粮饷。然后集结大军于沈阳，企图一举消灭后金。

1619年，他以赫图阿拉为目标，兵分4路对努尔哈赤发动大规模进攻。面对明朝大军压境的局面，努尔哈赤并没有惊慌失措。他镇定自若，制订了"凭你几路来，我只一路去"的集中兵力、逐路击破的作战方针。据此，努尔哈赤置其他3路明军于不顾，只派少量部队阻滞明军中的两路，而将全部兵力集中起来，迎击明军主力。

明军3万主力到达萨尔浒与后金军相遇，双方展开了著名的萨尔浒之战。

萨尔浒之战，是后金同明朝争夺辽东的关键性一战。努尔哈赤依靠集中兵力，选择有利战场和战机，创立了连续作战、速战速决、各个击破的典型战例。

萨尔浒 在今辽宁抚顺市东大伙房水库东南岸，是一座山名。1619年，后金努尔哈赤与明兵在此进行了一场大战，后来金军在此大败明军，从而改变了辽东的战略格局。

■ 古代战争场景

在整个战役中，努尔哈赤始终掌握着战争的主动权，从判明明军的进攻方向到用计设伏，都表明他具有卓越的军事才能和灵活的指挥艺术。

萨尔浒大捷后两个月，即1619年6月，努尔哈赤又乘势攻占了开原、铁岭，征服了叶赫部，兵锋直指辽沈。

1621年3月，他率兵突然大举进攻，占领了沈阳城，又挥师南下，辽阳、辽河以东的明军不战自溃，大小70余城都为后金所占领。

同年4月，努尔哈赤把都城迁到辽阳。

明朝失掉辽东之后，任命熊廷弼为辽东经略，同时任命王化贞为巡抚。两人意见不合，王化贞执意实行"画地分守"的方针。

努尔哈赤看出明军在部署上的弱点，一面派出间谍潜入广宁，破坏熊、王两人的关系；一面加紧调集兵力，率八旗劲旅强渡辽河，猛扑广宁，大败明军。

辽东兵败后，明朝相继任命王在晋、孙承宗为蓟辽经略。孙承宗采纳兵备佥事袁崇焕的主张，大力整顿山海关防务，修筑宁远城和锦州等要塞，形成以宁、锦州为重点的关外防线。袁崇焕率万余明军在宁远坚守。

1626年正月，努尔哈赤率大军约13万进攻宁远。袁崇焕决心死战，防守严密，利用坚城，充分的发挥了箭石和炮火

■ 袁崇焕（1584年～1630年），字元素，一说自如。祖籍广东省东莞。明末著名的军事家、政治家。我国历史上著名的民族英雄、抗金名将。清太宗皇太极设计反间计，以谋反罪被明朝政府下狱，最后以分裂肢体的"碟刑"处死。

■ 福陵 清太祖努尔哈赤和孝慈高皇后叶赫那拉氏的陵墓。它位于沈阳东郊的东陵公园内。因地处沈阳东郊，故而又称东陵。占地19.48万平方米。与沈阳市的昭陵、新宾县永陵合称"关外三陵"、"盛京三陵"。

的威力，使善于骑射、长于野战的八旗劲旅难以发挥其所长。后金军多次攻城不下，伤亡很大，努尔哈赤本人也被红夷大炮击伤。

努尔哈赤自25岁以来，战无不胜，攻无不克，但眼前这座宁远城，袁崇焕坚决抵抗，致使努尔哈赤久攻不下。

1626年8月，努尔哈赤于撤军途中伤重身死。葬于福陵。

阅读链接

阿巴亥与努尔哈赤的姻缘，极富戏剧性。

明朝末年，海西女真的乌拉部地广人众、兵强马壮，与努尔哈赤势不两立。后来，努尔哈赤在赫图阿拉把乌拉部打败，乌拉部首领布占泰被活捉，表示臣服建州。努尔哈赤念其归顺之意，收为额驸。

布占泰为了感激努尔哈赤的再生之恩，就将年仅12岁的侄女阿巴亥亲自送到赫图阿拉，嫁给了长她31岁的努尔哈赤。

就这样，战场上的一双对手最后联姻，一个成了叔丈大人，一个成了侄女婿。

清太宗皇太极

　　皇太极（1592年~1643年），也称作皇太子、洪太极、洪太主、黄台吉，也有称为阿巴海，爱新觉罗氏。满族。清太祖努尔哈赤第八子，母为孝慈高皇后叶赫那拉氏。谥号"应天兴国弘德彰武温宽仁圣睿孝敬敏昭定隆道显功文皇帝"，庙号太宗。

　　他是清朝的建立者，史称清太宗，杰出的政治家、军事家、战略家、后金统帅。

　　他在位期间，整顿内政，先后统一东北诸部族，吞并漠南、蒙古，后灭明朝，不断拓展疆土，并与邻国划定边界，完成祖国统一大业，是清朝实际上的开国皇帝。

■ 清太宗皇太极画像

皇太极出生时，努尔哈赤正从事统一女真的事业，以满洲部为核心，已将其周围各部统一。由于连年烽烟不息，父兄经常出征作战，皇太极7岁以后，努尔哈赤就把大部分家政交给了他。

皇太极根本无需父亲多加指点，就能把繁杂的事务干得井然有序。皇太极21岁时第一次跟随父兄出征作战，从此以后，逐渐成为父亲麾下一员能征善战的大将。

■ 皇太极塑像

努尔哈赤称帝后，命令年轻的皇太极等人负责管理国家政务。皇太极也没有辜负父亲的期望，逐渐成为努尔哈赤身边的一位得力助手。

努尔哈赤去世后，深得父亲信任和兄弟爱戴的皇太极顺理成章地于1626年继承父亲的帝位。这就是清太宗。

皇太极即位以后，首先着手解决的，便是日趋紧张的民族矛盾问题。他首先把女真族改为满族，以改变历史上女真人与汉族的对立仇恨。随后又颁布法令，满人、汉人享有同样的政治、经济权利。

同时，皇太极还规定每个奴隶制庄园只能拥有8个农奴，其他汉人都必须解放成为民户。为了进一步笼络统治地区的汉人，皇太极又于1631年颁布实施了

女真 又名女贞、女直，我国古代生活于东北地区的一个古老民族。可能源自3000多年前的肃慎，明朝时期仍然自称为女真，至今也有自称为女真族后代的人，他们认为自己与满族不同。

■ 范文程（1597年～1666年），字宪斗，号辉岳。辽东沈阳卫，即今辽宁沈阳人。清朝初年大臣，是北宋名相范仲淹第十七世孙。先后侍奉清太祖、太宗、世祖、圣祖四代皇帝。隶属满洲镶黄旗。病逝时69岁，康熙帝为其祠题额"元辅高凤"。

《离主条例》，规定凡是私逃的农奴一律不追究，这个规定得到了汉人的极大拥护。皇太极还于1638年下令解放农奴，为后金的农业生产增加了大量的劳动力。

此外，皇太极还选拔任用了大批汉族知识分子，其中最有名的范文程，就受到皇太极的重用，成为皇太极手下最有名的谋臣。

皇太极的这些措施的实行，很快消除了统治区域内汉族人民的反抗情绪，使他的统治得以进一步巩固。

皇太极在经济建设方面的措施是非常有成效的，他继承并发展了努尔哈赤的经济政策，还加强整顿吏治，使得他在统治的短短10余年时间内国力飞速提高，拥有了与明王朝相抗衡的经济实力。

皇太极爱惜民力，停止修城筑墙，为的是集中精力用于生产。他下令，所有村庄田土，八旗既已稳定，以后就不要变更了。对庄民的

■ 皇太极腰刀

财产及所养牛、羊、鸡、猪等，都不准任意妄取。

皇太极在继承了努尔哈赤的八旗制度以后，进一步对八旗制度加以完善。他充分利用了蒙、汉归附的充足兵源，建立了与满族八旗大体相同的蒙古八旗和汉军八旗，唯一不同的是满族八旗的旗主是实行世袭制，而蒙古八旗和汉军八旗的旗主则由皇太极任命，并可随时撤换。皇太极还将所有兵权收归自己，三大八旗都由皇太极亲自指挥和调遣。

为了加强皇权，皇太极对后金"八王共治"制度进行改革，不断削弱其手中的权力。

所谓"八王共治"，即由八旗旗主组成议政会议，也就是国家的决策机构。所有军政大事都必须在议政会议上通过集体定夺，对汗还有废立的权利。

皇太极对"八王共治"进行的第一项改革，便是在八旗中各旗设一名总管旗务的大臣，后来又增设佐管大臣和调遣大臣，分别管理民政、司法和军事事务，分散了八旗旗主的权力。

1629年，皇太极在议政会议上宣布免去三大贝勒轮流执政权力，由此夺走三大贝勒特权，也使得"八王共治"的局面瓦解。皇太极顺利地加强了权力。

1635年，后金在与蒙古战争中，从蒙古苏泰太后手中得到传国玉玺。

蒙古八旗 也称八旗蒙古。清代军队组织的组成部分之一，旗色、官制与八旗满洲同，位略低于八旗满洲，而高于八旗汉军。

汉军八旗 清代军事组织名称。其建制、旗色与满洲八旗、蒙古八旗相同。清太祖努尔哈赤时，将降服的汉人编成16个佐领，隶满洲八旗。

贝勒 皇室爵位，满语，原为满族贵族的称号，复数为"贝子"。后以贝勒、贝子为清代宗室封爵的两个等级，贝勒为第三级。此外，两宋时全国贵族也有此称号，如金兀术乃全国贝勒。

传国玉玺

后来，皇太极便在群臣拥戴下，于1636年称帝，改国号为大清，并仿照明朝官制，初步建立清王朝的行政机构。清朝由此建立。

皇太极在位期间，在充分研究了当前的军事形势后，确定了对明朝议和，先进攻朝鲜和蒙古，在朝鲜和蒙古被征服后，再挥师南下攻明的策略。实践证明，这一策略是非常正确的。

皇太极首先征服朝鲜和蒙古，解决了后院起火的问题；并通过征伐取得了大量土地和人口，增强了清朝的实力；而且还通过战争扩大了兵源，锻炼了队伍的作战能力。可谓是一举多得。

1628年，皇太极得知明天启帝去世、崇祯帝即位的消息后，立即率领大军南下，并绕过袁崇焕所镇守的宁远锦州防线，一举突入到北京城下，逼得崇祯帝不得不下令袁崇焕回师救援。

然后又巧施离间之计，让多疑的崇祯帝剥夺了袁崇焕的兵权，下

袁崇焕墓

■清朝士兵蜡像

狱治罪，并在第一年将其以"碟刑"的方式处死。

皇太极用离间计除掉袁崇焕后，在北京城下一举击溃前来勤王的各路明军，攻克了永平、遵化、迁安和滦州等城。然后，他布置好永平等城的防守后，班师回到沈阳。

在当时，曾有人劝皇太极乘胜一举攻陷北京城，但皇太极认为当时的明朝国力还比较强盛，并不可能将其消灭。

于是，他制订了不断骚扰明朝边境，对边境人民大肆屠杀，以削弱明边防军乃至整个明朝的实力；同时让边境地区百姓产生厌战情绪，然后再战而胜之。

此后，皇太极与明朝时和时战，派小股兵力不断骚扰明朝边境，使得明朝为增加军饷而在国内横征暴敛，并因此而激起了明末农民大起义。这是他始料未及的。

皇太极在得到明朝境内起义此起彼伏的消息后，皇太极竟兴奋地直说"天佑大清！"于是，于1639年发起了历史上有名的松锦大战，结果大获全胜。

明朝精兵良将损失殆尽，再加上李自成等农民起义军在明朝境内

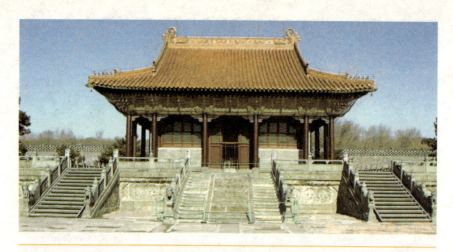

■ 清昭陵 清太宗皇太极以及孝端文皇后博尔济吉特氏的陵墓。位于辽宁省沈阳市古城北，因此也称"北陵"。占地面积16万平方米，是清初"关外三陵"中规模最大、气势最宏伟的一座，也是清初关外陵寝中最具代表性的一座帝陵。

的一再折腾，明朝再无力量与清抗衡了，清军入关南下并统一全国，已经是大势所趋。

正当清军为南下灭明做着精心准备的时候，皇太极却因为所宠爱的妃子去世，悲伤过度；再加上他的精力已经被多年操劳政务和四处征战耗尽，这个清朝实际上的开国皇帝，在清军入关的前一年，即1643年病逝，享年51岁。葬于清昭陵。

阅读链接

据传说，皇太极当年在打仗的时候，有一天夜里，皇太极被追兵追杀。

就在皇太极无路可逃的时候，突然有一大群乌鸦从四周快速飞来，一齐落到他的身上，让他在黑暗里看上去像一棵树，从而解救了处在极度危险中的皇太极。

据说皇太极的父亲努尔哈赤也被乌鸦救过，从那时起，满族人就把乌鸦视为自己世代的标志性图案，他们不仅不食乌鸦之肉，还有饲喂乌鸦、祭祀乌鸦的习俗。皇太极到了北京城后，乌鸦也就成了紫禁城里神圣不可侵犯的神鸟。

清圣祖玄烨

　　玄烨（1654年～1722年），全名爱新觉罗·玄烨。满族。清朝第四位皇帝，清定都北京后的第二位皇帝，谥号"合天弘运文武睿哲恭俭宽裕孝敬诚信功德大成仁皇帝"，庙号圣祖，年号康熙。他在位61年，是我国历史上在位时间最长的皇帝。

　　他在位时，平定了三藩叛乱，收复了台湾，并且开府设县，驱逐了沙俄势力，又平息蒙藏地区的动乱，从而加强了多民族国家的稳定和统一。

　　在经济和文化建设上，康熙也创下了对后世产生积极影响的重大业绩，开创了"康乾盛世"的大好局面。

■ 清圣祖玄烨朝服画像

■ 孝庄皇太后（1613年~1688年），一称作孝庄文皇后。博尔济吉特氏，名布木布泰，也称作本布泰。蒙古科尔沁部贝勒寨桑之次女。我国历史上有名的贤后，一生培育辅佐顺治、康熙两代君主，是清初杰出的女政治家。

玄烨从小受到祖母孝庄皇太后的格外钟爱，她派自己的侍女苏麻喇姑协助保姆照看玄烨，教他读书写字，传授他作为皇帝应该掌握的本领。

孝庄皇太后还以她特有的谋略和胆识，以顺治帝遗诏的形式废弃了"摄政王"制度，改由索尼、苏克萨哈、遏必隆、鳌拜四大臣辅政，从而保证了皇权运行的正常。

后来，玄烨在孝庄皇太后的帮助下，在与鳌拜的斗争中取胜，从此开始他真正亲政的生涯。

康熙亲政后，经过一番考虑，将当务之急的治国大事列出，然后亲自书写了"三藩、河务、漕运"的条幅悬挂在宫中柱子上，以随时提醒自己。由此可见解决三藩是康熙朝夕不忘的首要大事。

三藩是指明朝降将吴三桂、尚可喜、耿仲明3个藩王，他们分别盘踞在云南、广东、福建3个省区。

三藩分别专制一方，与清政府的矛盾日益尖锐，因此康熙继位之后，即开始逐步削减三藩的权势，做撤藩的准备。

1673年11月，吴三桂在云南发动叛乱。接着，福建耿精忠也开始谋反。随后，陕西提督王辅臣、广东

摄政王 是指在君主制国家里，由于即位君主年幼、生病或神志不清，或君主出访国外等原因而暂时代替君主行使国家领导权。通常由君主的亲族或戚族担任。如我国清世祖时睿亲王多尔衮摄政，宣统中醇亲王载沣摄政。

尚之信等也相继反叛。一时间，清帝国危在旦夕。

1676年10月，福建耿精忠在清军进攻下，被迫投降。广东的尚之信也于1677年投降。闽、粤以及江西都先后陷落。

1678年8月，吴三桂死，其部将迎立其孙吴世璠继位，退居云贵。此后，清军先后收复湖南、广西和四川。

1681年，清军攻破昆明，吴世璠自杀。至此，祸及大半个中国的三藩之乱，终于被康熙平定了。

三藩之乱被平定后，康熙决意收复台湾。康熙接受了福建总督姚启圣的建议，决定乘郑氏集团内乱的时机用武力收复台湾。

当时统治台湾的是郑成功12岁的孙子郑克塽。台湾降将施琅被康熙任命为水军提督，负责收复台湾。施琅走马上任后，立即着手调整兵力，训练水师。

1683年7月，施琅率领2万多名官兵，分乘230多艘战船，直捣澎湖。战斗从清晨一直持续至傍晚，矢

耿精忠（1644年～1682年），辽东盖州卫人，清朝靖南王，1673年，清廷下诏撤"三藩"，耿精忠反，自称总统兵马大将军，蓄发易冠服，与吴三桂合兵入江西，被清军镇压，遂降，1682年，"三藩"之乱彻底平息，康熙帝即诏将耿精忠凌迟处死。

■ 康熙御批奏折

■ 施琅（1621年~1696年），字尊候，号琢公。明末清初军事家。原为郑芝龙和郑成功的部将，降清后被任命为清军同安副将，不久又被提升为同安总兵，福建水师提督，先后率师驻守同安、海澄、厦门。1683年率军渡海统一台湾。

石如密集的雨点，炮火遮住了天空。

经此一战，郑军主力几乎全军覆没，台湾的门户被打开了。困守孤岛的郑克见大势已去，不得不派人向清军送上降表。

施琅率领的清军在鼓乐声中登上台湾岛，郑克率属下列队恭迎。至此，台湾与大陆重新统一。

康熙为治理台湾，在台湾设立台湾府和台湾、凤山、诸罗三县，并向台湾派遣8000名驻兵，向澎湖派遣了2000名驻兵。这样就大大增强了东南海防，并且促进了台湾经济文化的发展。

文韬武略

杰出帝王与励精图治

■ 靖海侯施琅将军府

■ 雅克萨战役

康熙还进行了针对沙俄入侵的雅克萨自卫反击战。17世纪，沙俄将侵略魔爪伸向了东北这块肥沃的土地。沙俄的侵略，是康熙的心腹大患，他决定进行武装反击，驱逐沙俄侵略者。

至1683年，黑龙江流域中下游地区的沙俄侵略者基本被肃清，只有雅克萨还被沙俄侵略者盘踞着。

1685年6月，清军兵临雅克萨城下，打响了第一次雅克萨战役。此役清军大获全胜，沙俄侵略军狼狈逃窜。

第一次雅克萨战役的战火刚刚平息，托尔布津等残匪又纠集尼布楚的援军卷土重来，窜回雅克萨。消息传到北京，康熙又命令萨布素从水陆两路再次向雅克萨发起猛攻。

1686年，第二次雅克萨战役打响，托尔布津被击毙。迫于清军强大的攻势，俄方不得不同意通过谈判和平解决边界问题，清军于是解除对雅克萨的包围。

雅克萨 历史上我国东北边疆古城。位于黑龙江上游左岸，今漠河县境内的额木尔河口对岸，地扼水陆要冲。在此地发生的"雅克萨之战"，是沙俄侵略者妄图侵占我国黑龙江流域大片领土，我国军民被迫进行的一次反对侵略、收复失地的自卫战争。

此后，中俄双方各自派遣代表团举行会谈，于1689年，双方签订了《中俄尼布楚条约》，它带来了中俄东部边境一百多年的和平，也成为康熙抵御沙俄侵略、维护和平和国家主权的历史记录。

康熙收复雅克萨之后，立即着手平定噶尔丹分裂祖国的叛乱。噶尔丹是漠西厄鲁特蒙古准噶尔部的头领，他不仅用武力并吞了厄鲁特蒙古的其他各部，占领了青海和新疆天山以南的广大地区，还勾结沙俄攻打已经归附清朝的漠北喀尔喀蒙古。

噶尔丹带领的2万名叛军，前锋一直打到距离北京仅450千米的乌珠穆沁，京师震动。

面对严峻的形势，康熙亲临狂风怒号、惊沙扑面的塞北，指挥大军迎战噶尔丹。在此后的1696年和1697年，康熙又两次率兵亲征，诛杀了噶尔丹，彻底平定了噶尔丹发动的叛乱。

在西藏问题上，康熙除了承继顺治帝尊敬并册封达赖政策外，还派兵于1718年至1720年间入藏，击败了占据西藏北部的准噶尔汗国军队。另外，沙俄又扶植策旺阿拉布坦和西藏反动奴隶主叛乱，也被康熙派兵击败了。

清朝分兵驻藏，并任命康济鼐和颇罗鼐两人协助达赖班禅分理前后藏事务。

我国各民族要求统一和安定的愿望终于实现了。我国辽阔的疆域版图就在这个时期基本奠定。

记载康熙皇帝平定噶尔丹经历的御碑亭

■ 康熙巡视图

在进行统一斗争的同时，康熙还积极谋划恢复和发展生产，并取得了很大的成功。

1669年，康熙清除鳌拜后下诏停止满族贵族的圈地活动，规定当时所圈土地，立即归还农民。同时又采取了奖励垦荒的措施，对中小地主垦荒成绩大的授予官职。

在康熙奖励垦荒政策的推动下，全国耕地由527万顷增加至851万顷。

康熙恢复发展农业经济的另一项主要措施就是兴修水利，治理黄河、淮河和运河。

康熙任命靳辅等为河道总督，用疏通和筑堤相结合的办法治理黄河，恢复黄淮故道，使黄、淮一带在此后较长一段时间内，免除了水患的威胁。康熙的六次南巡都以巡视治河工程为重点，对治河是个很大的推动。

圈地 就是把农村中从很早时候起就已普遍存在的"敞田"用栅栏圈围起来，成为整片地段，在这片地段上养羊或从事其他耕作，如种植新的农作物。清初满洲贵族大规模圈占汉人土地的活动，为清初弊政。1669年，康熙下诏停止圈地。

于成龙（1617年～1684年），字北溟，号于山。谥"清端"、赠太子太保。于成龙历任知县、知州、知府、道员、按察使、布政使、巡抚和总督、加兵部尚书、大学士等职。在20余年的宦海生涯中，三次被举"卓异"，以卓著的政绩和廉洁刻苦的一生，深得百姓爱戴和康熙帝赞誉，以"天下廉吏第一"蜚声朝野。

康熙曾经13次巡视浑河，经过试验确定了治河方案。在康熙的督促下，浑河治理工程于1701年竣工，浑河遂改名为"永定河"。治理后的浑河堤岸坚固，两岸是百姓新盖的房屋和茂盛的庄稼，出现了一派繁荣景象。

康熙在治河的同时，还实行了轻徭薄赋、减免钱粮、救济灾民的措施。

1712年，他宣布全国赋税政策，所增人口不再多征赋。康熙末年，在四川、广东等省又实行减税办法，后来推广到全国。

在恢复发展生产的同时，康熙还重视整饬吏治。他特别注意处置腐败的高级官吏。在惩治贪官的同时，康熙多方扶持清官廉吏，大加褒扬，以起到移风易俗、扶正祛邪的作用。被康熙誉为"天下廉吏第

■ 康熙巡视图

景陵

一"的于成龙就是一个受百姓爱戴的清官。

此外，康熙还采取了惩治贪污、厉行节约的政治措施。在他执政期间，惩治了很多贪官，对操守廉洁的清官则予以奖励和提拔。他本人生活简单朴素，这成为清代诸帝的楷模。

1722年10月21日，69岁的康熙兴致勃勃地去南苑打猎。12月20日康熙在北京畅春园去世。葬于河北省昌瑞山脚下的景陵。

阅读链接

作为一个农业大国的一国之君，康熙对于吃粮问题称得上是处心积虑。

来自鱼米之乡苏州的奏折里，有很大一部分就是关于科学种植稻米的，里面涉及的内容包括品种、种植方法和管理方法等。有的优良稻种，据说就是康熙命人在北京丰泽园的多块稻田中培育出来的，然后，他再命人拿到全国各地去试种。

其中一种新品种名叫"御苑胭脂米"，是一种绯红的香米，有人考证出《红楼梦》中庄头乌进孝给贾府送的，就是这种"御米"。

清高宗弘历

弘历（1711年～1799年），全名爱新觉罗·弘历。满族。清朝第六位皇帝，定都北京后第四位皇帝。谥号"法天隆运至诚先觉体元立极敷文奋武钦明孝慈神圣纯皇帝"，庙号高宗，年号乾隆。他是我国历史上执政时间最长和年寿最长的皇帝。

他在位期间平定大小和卓叛乱、巩固多民族国家的发展，六次下江南。

他文治武功兼修，并且当时文化、经济、手工业都处于极盛时代，在发展清朝"康乾盛世"局面作出了重要贡献，为一代有为之君。

■ 清朝乾隆皇帝画像

弘历自幼聪明，5岁就学，过目成诵。在弘历10岁那年，康熙帝在雍和宫第一次见到了孙子弘历时，一下子就喜爱上了他，令养育宫中，并亲授书课。

1723年，雍正书立储密旨，立弘历为继承人，藏于锦匣，置于乾清宫的"正大光明"匾后。在1735年，雍正帝去世，弘历继位，并且改年号为乾隆。

在政治方面，乾隆即位后，为了缓和雍正在位时期造成的政治紧张气氛，他首先释放了雍正末年因贻误军机而判死罪的岳钟琪。还为多尔衮昭雪，恢复王爵。这些措施缓和了统治阶级内部的矛盾，化消极因素为积极因素，对稳定王朝的局势是有意义的。

乾隆帝重视吏治。他重视官吏的选拔，强调官吏应该年富力强；禁止各省大员向皇帝进献方物、土产；注重考绩，严格考核官吏；注意解决官员及其家属的生活费问题；处置贪官。

在经济方面，乾隆重视发展农业生产。他要求北方向南方学习耕种技术；令地方官注意植树造林保持水土；鼓励开荒，扩大种植面积；关心水利建设。

乾隆重视发展商业并给予宽松政策。他规定商人到歉收的地方销售粮食，可以免关榷米税，允许百姓贩运少量食盐。

乾隆重视社会的稳定，关心受灾百姓，执政期间5次普免天下钱粮，三免八省漕粮，减轻了农民的负

■ 岳钟琪（1686年~1754年），字东美，号容斋。平番。清朝名将。曾担任许多武职，以宁远大将军率军时被夺官下狱，后得释为四川提督，平大金川有功，封公爵。去世后谥号"襄勤"。

多尔衮（1612年~1650年），全名爱新觉罗·多尔衮。努尔哈赤第十四子。清代杰出的军事家、政治家。少年时就因屡建功勋而获"墨尔根代青"，即满语"聪明王"之号，成为正白旗旗主。他是确立清初政权及各项政策的最重要的决策者。

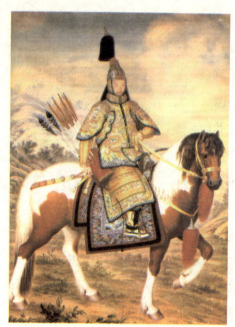

■ 乾隆皇帝狩猎图

担，据统计乾隆时期蠲免了正额赋银2亿两，加上历年逢灾蠲免的1亿多两，共计3亿两以上。

在建筑上，乾隆在北京西郊营造繁华盖世的皇家园林"圆明园"，还有避暑山庄暨外八庙和木兰围场等。这些皇家园林，无不体现着清代园林文化的辉煌，是园林艺术史上的一串串璀璨的明珠。

在军事方面，乾隆的武功之一就是用兵西陲，开辟新疆、巩固新疆。在北疆，两次平定准噶尔叛乱，基本上解决了北疆的问题。

但南疆的回部贵族试图摆脱清朝，自长一方。为此，清军同回部大小和卓在库车、叶尔羌等几座南疆重镇进行了激战，最终获胜，重新统一南疆。从此西域与中原再度连为一体，定名新疆也是取"故土新归"之意。

乾隆在南疆实行因俗而治，设立阿奇木伯克制，由清政府任命。在新疆设伊犁将军，实行军府制，修筑城堡，驻扎军队，设置卡伦，巡查边界，移民实边，进行屯垦，加强了对新疆地区的管辖。

乾隆平定准、回诸役，统一了准、回各部，加强了中央政府对西域的统辖，保持了西北、漠北及青海、西藏的社会安定。

卡伦 也称作喀伦、卡路、喀龙，为"台"或"站"的满语音译。清朝设置的卡伦是特有的一种防御、管理设施，它在清代的社会治安、生产、资源管理，以及边防建设、疆域形成等方面均起到了不可忽视的作用。

在文化方面，乾隆亲自倡导并编成了大型文献丛书《四库全书》，完成了顺治朝开始编撰的《明史》和康熙下令开始编写的《大清一统志》。他又令臣下编成了历史、制度、文字、农家、医学、天文历法等方面的重要文献。

由于乾隆对文化事业的热心，汉学从乾隆朝愈益兴盛，至嘉庆朝，形成了著名的"乾嘉学派"。

此外，乾隆时期清朝的民间艺术有很大发展。乾隆80岁大寿时，徽班进京，国粹京剧开始形成。

乾隆时的我国领土，东起大海，西达葱岭即现在的帕米尔高原，南达曾母暗沙，北跨外兴安岭，西北到巴尔喀什湖，东北到达库页岛，总面积达到了1310万平方千米，为历代第二大疆域，实际控制面积则为历代之首。

清乾隆时的人口突破3亿大关。在乾隆朝，我国

徽班进京 1790年，为给乾隆祝寿，从扬州征调了以著名戏曲艺人高朗亭为台柱的"三庆"徽班入京，成为徽班进京的开始。此后又有四喜、启秀、霓翠、和春、春台等安徽班相继进京。徽班进京被视为京剧诞生的前奏，在京剧发展史上具有重要意义。

■ 圆明园遗址

清东陵裕陵的陵寝门

成为一个疆域广大的多民族国家。

乾隆帝是一个比较勤于政事的皇帝，每天早上都到军机处理政事。夏天，他到军机处时天刚亮；冬天，他到军机处时也就是五更时分。一般情况下，乾隆帝到军机处后，蜡烛还要点一寸多天才明。这使得军机处官员不敢稍有懈怠。

1795年10月15日，乾隆宣布永琰为皇太子，改名颙琰，命他即日移居紫禁城内毓庆宫，自己退位称太上皇帝。他在禅位之后仍居住在养心殿掌控朝政。

1799年2月7日，乾隆太上皇在养心殿病逝，终年89岁。葬于清东陵的裕陵。

阅读链接

话说乾隆有一天在苏州狮子林散步，看见一个叫花子边晒太阳边抓痒，心想都说江南多才子，不知这叫花子才学如何？

于是，他走到叫花子跟前，顺口说道："抓抓痒痒，痒痒抓抓；不抓不痒，不痒不抓；越痒越抓，越抓越痒。"说完一笑。

叫花子听罢，微睁双眼开口道："生生死死，死死生生；有生有死，有死有生；先生先死，先死先生。"说完继续抓痒不止。

乾隆皇帝闻言一惊！片刻，才感叹地说："都说江南多才子，真是名不虚传呀！"